U0571095

方岩庙会

总主编 金兴盛

浙江省非物质文化遗产代表作丛书

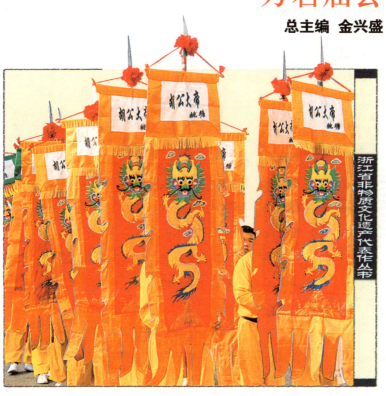

浙江摄影出版社

吕美丽 林克成 编 著

浙江省非物质文化遗产
代表作丛书编委会

顾　问 ◉ 葛慧君　郑继伟

主　任 ◉ 金兴盛　钱巨炎

副主任 ◉ 柳　河　金慧群

编　委 ◉ 童芶素　高而颐　吕伟强　曹　鸿　金　涛

　　　　　董立国　胡　红　罗永祥　俞伟杰　王　淼

　　　　　裘国樑　陶文杰　潘邦顺

专家组 〔按姓氏笔画为序〕

　　　　◉ 马来法　马其林　王全吉　王其全　王　雷

　　　　　卢竹音　吕洪年　许林田　朱德明　连晓鸣

　　　　　李发明　李　虹　李　晖　吴海刚　吴露生

　　　　　陈华文　陈睿睿　杨思好　严慧荣　林　敏

　　　　　季海波　郑楚森　胡　敏　祝汉明　都一兵

　　　　　顾希佳　郭　艺　徐宏图　徐金尧　黄大同

　　　　　蒋水荣　蒋中崎　檀　梅

总　序

中共浙江省委书记
省人大常委会主任　夏宝龙

　　非物质文化遗产是人类历史文明的宝贵记忆，是民族精神文化的显著标识，也是人民群众非凡创造力的重要结晶。保护和传承好非物质文化遗产，对于建设中华民族共同的精神家园、继承和弘扬中华民族优秀传统文化、实现人类文明延续具有重要意义。

　　浙江作为华夏文明发祥地之一，人杰地灵，人文荟萃，创造了悠久璀璨的历史文化，既有珍贵的物质文化遗产，也有同样值得珍视的非物质文化遗产。她们博大精深，丰富多彩，形式多样，蔚为壮观，千百年来薪火相传，生生不息。这些非物质文化遗产是浙江源远流长的优秀历史文化的积淀，是浙江人民引以自豪的宝贵文化财富，彰显了浙江地域文化、精神内涵和道德传统，在中华优秀历史文明中熠熠生辉。

　　人民创造非物质文化遗产，非物质文化遗产属于人民。为传承我们的文化血脉，维护共有的精神家园，造福子孙后代，我们有责任进一步保护好、传承好、弘扬好非物质文化遗产。这不仅是一种文化自觉，是对人民文化创造者的尊重，更是我们必须担当和完成好的历史使命。对我省列入国家级非物质文化遗产保护名录的项目一项一册，编纂"浙江省非物质文化遗产代表作丛书"，就是履行保护传承使命的具体实践，功在当代，惠及后世，有利于群众了解过去，以史为鉴，对优秀传统文化更加自珍、自爱、自觉；有利于我们面向未来，砥砺勇气，以自强不息的精神，加快富民强省的步伐。

党的十七届六中全会指出，要建设优秀传统文化传承体系，维护民族文化基本元素，抓好非物质文化遗产保护传承，共同弘扬中华优秀传统文化，建设中华民族共有的精神家园。这为非物质文化遗产保护工作指明了方向。我们要按照"保护为主、抢救第一、合理利用、传承发展"的方针，继续推动浙江非物质文化遗产保护事业，与社会各方共同努力，传承好、弘扬好我省非物质文化遗产，为增强浙江文化软实力、推动浙江文化大发展大繁荣作出贡献！

（本序是夏宝龙同志任浙江省人民政府省长时所作）

前 言

浙江省文化厅厅长　金兴盛

要了解一方水土的过去和现在，了解一方水土的内涵和特色，就要去了解、体验和感受它的非物质文化遗产。阅读当地的非物质文化遗产，有如翻开这方水土的历史长卷，步入这方水土的文化长廊，领略这方水土厚重的文化积淀，感受这方水土独特的文化魅力。

在绵延成千上万年的历史长河中，浙江人民创造出了具有鲜明地方特色和深厚人文积淀的地域文化，造就了丰富多彩、形式多样、斑斓多姿的非物质文化遗产。

在国务院公布的四批国家级非物质文化遗产名录中，浙江省入选项目共计217项。这些国家级非物质文化遗产项目，凝聚着劳动人民的聪明才智，寄托着劳动人民的情感追求，体现了劳动人民在长期生产生活实践中的文化创造，堪称浙江传统文化的结晶，中华文化的瑰宝。

在新入选国家级非物质文化遗产名录的项目中，每一项都有着重要的历史、文化、科学价值，有着典型性、代表性：

德清防风传说、临安钱王传说、杭州苏东坡传说、绍兴王羲之传说等民间文学，演绎了中华民族对于人世间真善美的理想和追求，流传广远，动人心魄，具有永恒的价值和魅力。

泰顺畲族民歌、象山渔民号子、平阳东岳观道教音乐等传统音乐，永康鼓词、象山唱新闻、杭州市苏州弹词、平阳县温州鼓词等曲艺，乡情乡音，经久难衰，散发着浓郁的故土芬芳。

泰顺碇步龙、开化香火草龙、玉环坎门花龙、瑞安藤牌舞等传统舞蹈，五常十八般武艺、缙云迎罗汉、嘉兴南湖掼牛、桐乡高杆船技等传统体育与杂技，欢腾喧闹，风貌独特，焕发着民间文化的活力和光彩。

永康醒感戏、淳安三角戏、泰顺提线木偶戏等传统戏剧，见证了浙江传统戏剧源远流长，推陈出新，缤纷优美，摇曳多姿。

越窑青瓷烧制技艺、嘉兴五芳斋粽子制作技艺、杭州雕版印刷技艺、湖州南浔辑里湖丝手工制作技艺等传统技艺，嘉兴灶头画、宁波金银彩绣、宁波泥金彩漆等传统美术，传承有序，技艺精湛，尽显浙江"百工之乡"的聪明才智，是享誉海内外的文化名片。

杭州朱养心传统膏药制作技艺、富阳张氏骨伤疗法、台州章氏骨伤疗法等传统医药，悬壶济世，利泽生民。

缙云轩辕祭典、衢州南孔祭典、遂昌班春劝农、永康方岩庙会、蒋村龙舟胜会、江南网船会等民俗，彰显民族精神，延续华夏之魂。

我省入选国家级非物质文化遗产名录项目，获得"四连冠"。这不仅是我省的荣誉，更是对我省未来非遗保护工作的一种鞭策，意味着今后我省的非遗保护任务更加繁重艰巨。

重申报更要重保护。我省实施国遗项目"八个一"保护措施，探索落地保护方式，同时加大非遗薪传力度，扩大传播途径。编撰浙江非遗代表作丛书，是其中一项重要措施。省文化厅、省财政厅决定将我省列入国家级非物质文化遗产名录的项目，一项一册编纂成书，系列出版，持续不断地推出。

这套丛书定位为普及性读物，着重反映非物质文化遗产项目的历史渊源、表现形式、代表人物、典型作品、文化价值、艺术特征和民俗风情等，发掘非遗项目的文化内涵，彰显非遗的魅力与特色。这套丛书，力求以图文并茂、通俗易懂、深入浅出的方式，把"非遗故事"讲述得再精彩些、生动些、浅显些，让读者朋友阅读更愉悦些、理解更通透些、记忆更深刻些。这套丛书，反映了浙江现有国家级非遗项目的全貌，也为浙江文化宝库增添了独特的财富。

在中华五千年的文明史上，传统文化就像一位永不疲倦的精神纤夫，牵引着历史航船破浪前行。非物质文化遗产中的某些文化因子，在今天或许已经成了明日黄花，但必定有许多文化因子具有着超越时空的生命力，直到今天仍然是我们推进历史发展的精神动力。

省委夏宝龙书记为本丛书撰写"总序"，序文的字里行间浸透着对祖国历史的珍惜，强烈的历史感和拳拳之心。他指出："我们有责任进一步保护好、传承好、弘扬好非物质文化遗产。这不仅是一种文化自觉，是对人民文化创造者的尊重，更是我们必须担当和完成好的历史使命。"言之切切的强调语气跃然纸上，见出作者对这一论断的格外执着。

非遗是活态传承的文化，我们不仅要从浙江优秀的传统文化中汲取营养，更在于对传统文化富于创意的弘扬。

非遗是生活的文化，我们不仅要保护好非物质文化表现形式，更重要的是推进非物质文化遗产融入愈加斑斓的今天，融入高歌猛进的时代。

这套丛书的叙述和阐释只是读者达到彼岸的桥梁，而它们本身并不是彼岸。我们希望更多的读者通过读书，亲近非遗，了解非遗，体验非遗，感受非遗，共享非遗。

2015年12月20日

目录

总序
前言

序言
一、概述
[壹]方岩风貌/006
[贰]胡公大帝与胡公庙/016
[叁]方岩庙会的渊源和发展/022
[肆]方岩庙会的影响/036
二、方岩庙会的胡公祭祀
[壹]准备阶段/042
[贰]起祭阶段/046
[叁]朝拜阶段/053
[肆]归案阶段/057
三、方岩庙会的行会
[壹]胡公神龛及仪仗/068
[贰]罗汉班/071
[叁]民间舞队/081
四、方岩庙会的特色和价值
[壹]方岩庙会的特色/104
[贰]方岩庙会的价值/111
五、方岩庙会的现状和保护
[壹]方岩庙会的传承/126
[贰]方岩庙会的现状/136
[叁]方岩庙会的发展/139
附录
民国时期方岩庙会打罗汉调查表/146
永康周边市县参加方岩庙会活动情况/158
主要参考文献
后记

序言 // PREFACE

非物质文化遗产，是民族精神的载体，是民族文化的结晶。我们永康历史悠久，人文荟萃，山川秀美，文化灿烂，非物质文化遗产资源丰富，特色鲜明。保护好、继承好民族优秀传统文化，是历史赋予我们的重大使命，更是我们文化部门义不容辞的长期工作任务。

方岩庙会是永康重要的非物质文化遗产。它源于纪念宋代名臣胡则（俗称"胡公"）而兴盛起来的朝拜活动。相传，胡则生前曾为民请命，奏免衢婺两州身丁钱，百姓感其恩德，在他曾经读书的方岩山上立庙奉祀。后来，崇拜者日益增多，祭祀活动日益频繁，从而孕育成了方岩庙会。明嘉靖年间，名将戚继光在金华、义乌、永康一带招募抗倭新军，去台州抗击倭寇，九战九捷，浙境倭患遂告平；继后号召组织民团，习武自卫，于是永康一带农村形成了民间习武风俗。此后，习武风俗与朝拜胡公的庙会娱神活动有机结合起来，民众参与热情更高，庙会更趋成熟。至清末民国初年，信奉胡公之风更为盛行，视胡公为神通广大、保佑一方、有求必应的地方保护神，方岩庙会进入了鼎盛期。此时，永康大部分村庄都有

"胡公会"，每年农历八月初至九月重阳前后，组织罗汉班和民间歌舞队上方岩朝拜"胡公大帝"，规模宏大，内容丰富，其影响覆盖大半个浙江，并波及粤闽港澳和南洋地区。

方岩庙会，起源于宋，成熟于明，鼎盛于清，传承千年，长盛不衰，有着浓郁的民族特色和鲜明的地方特色，显示了永康地域文化的历史性、创造性和多样性，具有珍贵的文化艺术价值。

永康市委、市政府历来十分重视非物质文化遗产的保护。我们要在市委、市政府的领导和社会各界的参与配合下，认真做好方岩庙会的保护工作，让方岩庙会切实传承，发扬光大。同时，积极做好其他"非遗"项目的保护工作，以促进我市文化大市建设，推动社会文化事业的繁荣和发展。

永康市文化广电新闻出版局局长　丁月中

2015年9月1日

一、概述

神奇秀美的自然风光和悠久深厚的人文底蕴，以及独具地域特色的民情风俗，造就了千年传承、长盛不衰的方岩庙会，创造了源自生活、丰富多彩的民间文化。

一、概述

　　永康方岩庙会，是人们为纪念宋代名臣胡则（俗称"胡公"）而举行的民间娱神活动，所以亦称方岩胡公庙会。方岩庙会初始于宋，成熟于明，鼎盛于清末至民国时期，规模盛大，影响深远，千年传承，长盛不衰，是永康民间乃至周边各县民众重要的民俗文化活动。

[壹]方岩风貌

　　方岩庙会之所以产生在永康，与永康的地域特征和民情风俗以及方岩的山水风光有着密切的关联。

1. 永康地域

　　永康市地处浙江省中部，金衢盆地东南边缘，介于东经119°53′至120°20′、北纬28°45′至29°06′之间。东接磐安，东南毗邻缙云，西连武义，北邻义乌，东北靠东阳，总面积1049平方千米。户籍人口57万，又有称之为"新永康人"的外来务工人员30多万，现常年居住和生活在永康的约90万人。

　　永康境内多山，属浙中低山丘陵地貌，赤彤丹霞的仙霞岭和苍翠挺拔的括苍山余脉在这里交错会合，使永康多奇峰幽谷和碧涧清流。钱塘江水系和瓯江水系在此分两个方向奔赴大海，所以永康山多田少水更少，为"七山一水二分田"的丘陵地区。

永康地势险要，是古婺州通往处州、台州、温州的交通要道，经此可直达瓯闽，是沟通浙中腹地与东南沿海的要冲所在。蜿蜒的华溪是永康的母亲河，在市区与南溪汇成永康江，流往金华、兰溪，过富春江，出钱塘江，直通杭州。明清至民国时期，永康江可通木帆，台州、处州的山货可以在永康装船，运往浙江各地；江浙各地的货物也可以在永康上岸，运往台、处等地。尤其是台州的食盐，通过苍岭到达永康盐埠，然后运往浙江、江西各地，永康成为重要的转运站。所以历来商贸繁荣，会馆林立，在城区的河头溪沿，民国时期水陆运输的过塘行就有十余家。

永康于三国吴赤乌八年（245）置县。相传吴大帝孙权的母亲吴太夫人因病四处求医，未见效果。而后得知乌伤县上浦乡有座神庙，太夫人便偕同其妹来上浦乡，在名为清泉的庙里进香，祈祷永保安康。当地乡民得知太夫人驾临，特地献上清泉之水。太夫人饮后，顿时神清气爽，不久病体痊愈。太夫人感念至深，临终时嘱咐儿子孙权要为她还愿。几十年后，孙权登基称帝，遵照母亲遗嘱，划出乌伤县南界之上浦乡单独置县，按"永保安康"之意命名"永康"。

唐朝武德四年（621），永康曾一度被擢升为丽州，然四年后即废，复为永康县。永康之名就一直沿用至今。

永康城市风光

西津夕照

2.民情风俗

永康是著名的五金之乡,五金历史源远流长。典籍《山海经》记载:"《张氏土地记》曰:东阳(注:即金华)永康县南四里有石城山,上有小石城,云黄帝曾游此,即三天子都也。"如今,在永康及附近各县流传着许多有关黄帝的传说。如:黄帝曾在石城山炼铜铸鼎;黄帝在缙云仙都山驾火龙升天;仙都山鼎湖生莲花,一瓣飘落东阳境,于是山名金花(华),后置县金华;黄帝女儿元修在浦江仙华山升天,等等。因此,永康民俗研究专家据此推考:永康是南方黄帝文化的辐射中心之一。黄帝在石城山炼铜铸鼎后,其部落的一支留了下来,成了永

南都黄帝宫

康先民；从那时起，永康先民就走上了艰辛的五金之路。故称黄帝乃中国五金之祖，石城山乃中国五金之根。传说，永康古代就有春秋铸剑、汉造弩机、唐铸铜铳等五金传统技艺。

永康由于人多田少，土地贫瘠，百姓生活困苦，乡民历来有以手工技艺外出谋生的传统，遵奉"千秧八陌，勿如手艺伴身"的祖训，以学会一门手工技艺为荣，为五金工匠齐全的著名五金之乡。宋代以来，更受永康状元陈亮（1143—1194）的"农商并重"、"通商惠工"事功哲学的影响，逐渐形成了"以工补农"的独特社会经济模式。清道光《永康县志》载："土石竹木，金银铜铁锡，皆有匠，然朴拙不能为精巧……多鬻技于他乡。"据传，明清以来，永康每年都有数以万计的五金工匠走南闯北，游走他乡，足迹遍及本省各地及毗邻各省。金华一带流传着这样的歌谣："义乌一只鼓（拨浪鼓，鸡毛换糖）、东阳一把斧（建筑木工）、武义一把土（种田地）、永康一只炉（小五金冶炼）。"1991年《永康县志》载：全县1949年外出的五金工匠九千六百余人。新中国成立后，由于社会安定，外出工匠更是不断增多，每年达数万人。

从前五金工匠肩挑行担，走南闯北，历尽艰辛。他们外出做工，少则半年、多则一年才能回家。因此，永康流传有"白窖如天，上落半年"的俗语（永康工匠外出，必须经过县北的白窖岭，意指他们半年才能回家一次）。五金工匠在外闯荡，经常会遇到各种意想不到的困难和挫折,挨饿受冻,贫病交迫,凶险相随,有的甚至命丧他乡,未能归葬,成了游魂。永康又地处浙西北通往浙东南的咽喉要道,历来是兵家必争之地。因此,永康历代以来战乱频仍,清代

中国五金博览会

翻九楼

以前较大的战事就有近十次，殃及百姓，身受其苦。因此，旧时永康盛行"翻九楼"、"忏兰盆"、"水陆道场"等道教风俗，盛演醒感班的殇戏（为超度非正常或未成年而亡故者），更是盛行上方岩朝拜"胡公大帝"的娱神活动，祈求风调雨顺，五谷丰登，消灾纳福，安康太平。

3. 方岩景观

方岩是著名的国家级丹霞地貌风景名胜区，是镶嵌在永康境内的一颗耀眼明珠。

方岩中心景区方岩山，平地拔起，峥嵘突兀，状如方柱，故称"方岩"。明嘉靖《永康县志》记载："方岩山，县东五十里，高二百余丈，周六里许。其山四面如削，驾飞桥石梯而登，将至绝顶，有两岩相峙

方岩秀色

方岩天桥

为关，一夫守之，万夫莫开。上有亭，曰透关。自亭而入，地皆平衍。有井，曰砚井。有池，广亩余。有祠，曰佑顺侯祠。右有佛庐，曰广慈寺。寺后有岩，高数仞，曰屏风阁。其下有石室，深一丈许，广数丈。僧构室于旁，居之。寺门之左有坑，广二三尺，深二百余丈，曰千人坑。坑之侧有小径，缘崖而登，行二百余步，有石穴，曰读书堂，俗传胡侯弦诵之地。诚一方形胜也。"

我国现代著名作家郁达夫先生于 20 世纪 30 年代曾来方岩游览，他在《方岩纪静》中写道："从前看中国画里的奇岩绝壁，皴法皱叠，苍劲雄伟到不可思议的地步，现在到了方岩，才知道南宗北派的画山点石，都还有未到之处。"作家以其生花妙笔，对雄伟壮观的方岩作了极高的评价。

五峰书院陈亮石雕像

　　综观整个方岩风景区的自然景观，可谓稀、奇、怪、绝，独具特色。有惊心动魄的险峰绝壁，有鬼斧神工的天然石雕，有气势磅礴的丹霞石面，有星罗棋布的沟壑洞穴，有风光旖旎的瀑泉湖泊，有历经沧桑的古树名木。

　　方岩的人文景观更是底蕴深厚，积淀丰富。历代以来，方岩是文人学士讲学、吟咏、游览、隐居之地，留下了众多圣迹遗踪。宋代名臣胡则出仕前曾在方岩山上潜心苦读，如今留有"读书堂"遗址。五峰书院是南宋永康状元陈亮收徒讲学之所，是南宋永康学派的发祥之地。南宋淳熙年间（1180 年前后），陈亮、朱熹、吕东莱（祖谦）曾在此研究理学，切磋辩论，至今，在固厚峰下的悬崖上，留有传说是朱熹手书的"兜率台"三个大字。明正德时（1514—1521），永康乡贤应石门等在此研讨王阳明格物致知学说。嘉靖年间，金华太守陈受泉书额"五峰书院"，留传至今。五峰书院有一副著名楹联："桃花万树春风里，瀑布一帘化雨中"，生动地诠释了方岩的秀丽风光和人文渊薮。

抗日战争时期的 1938 年至 1942 年，民国浙江省政府曾搬迁至方岩办公，方岩成为省政府的临时驻地，达四年之久。当时，方岩山下省府机关云集，闹极一时。据传，当时的中共中央副主席周恩来曾来五峰书院会见当时的浙江省主席黄绍竑。

永康神奇秀美的自然风光和悠久深厚的人文底蕴，以及独具地域特色的民情风俗，终于造就了千年传承、长盛不衰的方岩庙会。艰苦的环境造就了永康人吃苦耐劳、坚毅刚强、豪放开朗的性格，同时也培育了永康的多元文化。永康工匠，游走四方，见多识广，聪明智慧，心灵手巧，善于借鉴，勇于创新，兼收并蓄，创造出了丰富多彩的民间文化。每年为纪念北宋名臣胡则而举行的方岩庙会，即是展现永康民间文艺的大平台。

[贰]胡公大帝与胡公庙

方岩庙会源自纪念"胡公"的朝拜活动。"胡公"非佛非神,他是北宋时期的一位名臣。因在位时曾为民请命,奏免衢婺两州身丁钱,百姓感念恩德,其逝后,在他曾经读书的方岩山上立庙奉祀。后来,崇拜者日益增多,祭祀活动日益频繁,从而孕育成了历经千年的方岩庙会。

胡公,姓胡名则,字子正,宋乾德元年(963)农历八月十三日生于方岩附近的胡库村。另据王石周先生考证,胡则之父胡承师家居上胡(今芝英镇溪岸管理处上胡村)。宋徽宗《封佑顺侯诰》载:"胡则世居永康县游仙乡石门里地名大圣潭边,去所居二十里有方岩。"故胡则应出生于上胡。民间也有传说胡公生于农历二月廿五,八月十三乃神化之日。

据北宋政治家、文学家范仲淹《兵部侍郎致仕胡公墓志铭》记载,胡则的曾祖父胡彭,祖父胡瀱,父亲胡承师,祖宗三代在乡间以积善称道。胡则自少勤苦潜学,精通五经六艺。宋太宗端拱二年(989)被荐应举,登陈尧叟榜进士,开八婺科第之先河。出仕后历任许州许田尉、蕲州广济宰、宪州录事参军、签署贝州节度观察判官公事等州县属官十六年。景德四年(1007)以后,累功升迁,先后出知浔州、桐庐、睦州、温州、信州、福州、杭州、池州、陈州等十郡,按察江淮、京西、广西、陕西等六路使节,并曾担任权三司使、吏部流内铨、工部侍郎、刑部侍郎等朝廷重臣。景祐元年（1034）致仕，授予兵部侍郎荣衔，定居杭州。宝元二年（1039）农历六月十八病逝于杭州寓所，享年七十七岁，葬于杭州龙井。传说，明道元年（1032）江淮大旱，赤地千里，饿殍遍野，同时天象反常，凶兆迭出。此时胡则奉调回京，担任工部侍郎、集贤院学士，成了可上朝面圣的近侍大臣。他为民请命，奏免衢婺两州身丁钱。胡则自己曾作《奏免衢婺身丁钱》留世：

> 六十年来见弊由，仰蒙龙敕降南州。
>
> 丁钱永免无拘束，苗米常宜有限收。
>
> 青嶂瀑泉呼万岁，碧天星月照千秋。
>
> 臣今未恨生身晚，长喜王民绍见休。

胡则一生浮沉宦海四十七年，后人称其为"逮事三朝，十握州符，六持使节，选曹计省，历践要途"。范仲淹撰写的墓志铭中，对胡则予以高度赞颂，曰："进以功，退以寿，义可书，石不朽，百年之为兮千载后。"

胡则出仕前曾在方岩潜心苦读，如今方岩后山尚有"读书堂"遗址。宋代吴逵《重修龙井祠堂记》载："公尝读书方岩山中，殁而为神，发祥其处。"民间传说，胡则与方岩广慈寺（当时称大悲寺）住持情谊深厚，当时寺院曾出资助其赴考。于是在胡则死后，广慈寺在后殿为其立像奉祀，百姓则感其恩德，奉其为神灵，虔诚祭拜。随着乡里百姓的奉祀和名臣学士的传扬，胡则的影响不断扩大，崇拜者日益增多，祭祀活动日益频繁，从而逐渐孕育成了日后的方岩庙会。

北宋宣和年间（1119—1125），此时胡则已逝世八十余年，宋徽宗封胡则为"佑顺侯"。南宋绍兴末年（1162），宋高宗赐胡公庙额"赫灵"。据元代进士黄溍《胡侍郎庙碑阴记》载："宣和间封佑顺侯，绍兴末乃赐庙额曰赫灵者，初封诰命中语也。佑顺之号，既累加以嘉应、福泽、灵显、极于八字。淳祐间，遂进爵为公（公者，古之'相公'之谓也，意思是能辅佐朝政，给民众带来福祉之宰相一类人才），更号显应，寻加正惠。"南宋宝祐初，再加谥忠佑。

从宣和至宝祐的一百二十多年间，经过徽宗、高宗、孝宗、理宗四代皇帝的一直加封，封号累加至八个之多，胡则则由臣而侯，由侯而公，进而从人羽化为神。

四代皇帝为什么要如此慷慨地加封胡则呢？其实是另有原因的。宣和二年（1120），方腊在睦州青溪（今浙江淳安）举旗起义，东南地区农民云合响应，起义军集结百万，声势浩大，攻克六州五十二县。永康义军首领陈十四为首响应。义军占领方岩，据险坚守，官兵数月难以攻下。传说某夜，义军首领梦见一红面神人饮马于岩顶天池，次日往看，天池水干，义军大乱。待官兵一到，即日攻占方岩，荡平义军。此事在胡则的曾孙胡廷直的《赫灵祠记》中可见述："宣和中，盗起青溪（注：指方腊起义），保险方岩，弄兵逾月，王师不能下。首恶夜梦神人饮马于岩之池。是池，盗实沽之以济朝夕，平明往视已涸矣。其徒骇乱。大兵一临，即日荡平。"后来广传此红面神人就是胡则，于是胡则成了"助王师灭贼"的神灵。尔后，有廉访使王导闻之，遂上奏朝廷，于是胡则被宋徽宗封为佑顺侯。至南宋绍兴末年（1162），宋高宗又赐胡公庙额"赫灵"。

随着皇帝赐予胡则封号的不断加升，黎民百姓将胡则奉敬为保佑平安、消灾纳福的保护神，由人羽化成神。于是，为了奉祀胡公，永康不仅有方岩赫灵祠，而且城

民国《永康县志》关于胡则的记载

十八保迎胡公

乡各地普遍建起胡公庙。外地乡民不仅远道上方岩朝拜胡公，而且为奉祀之便，在浙江各地和福建、江苏、江西等邻省都建有胡公庙或胡公别祠。据元朝进士黄溍《胡侍郎庙碑阴记》记载："本为助王师，殄巨寇，庙食一乡，而其光灵无远不被。能出云为风雨，农人咸以望岁者望于公。凡村墟里社，必有祈报之所。胡公之别庙，布满于郡境，不啻数十百区。"据清朝国子监学正、上海道台应宝时（1821—1890）《重建胡公庙记》所载："庙成不数月，远近乡民争

迎胡公仪仗

助冠袍、幢节、钟鼓之属，几无虚日，于以知公之灵，至今赫犹濯如守土时也。余郡暨绍、台、温、处诸郡，公庙以千百计……窃谓公之生平，载在史册，余不敢有所辩论。惟浙江千里，几无一邑一乡无公庙，则公之能使桑梓远蓄害，蒙庇覆，亦彰可信矣，悠谬之口岂能掩公灵爽哉！"

据永康民俗研究人士胡国钧先生查考浙江各地方志，至清代各地胡公庙的分布如下：

杭州府：钱塘、仁和、富阳、余杭、临安、於潜、昌化。

严州府：建德、桐庐、淳安、遂安、寿昌、分水。

湖州府：德清、安吉。

金华府：永康、武义、东阳、义乌、浦江、兰溪、汤溪、金华。

衢州府：西安、龙游、江山、常山、开化。

台州府：临海、黄岩、天台、仙居、宁海、太平。

温州府：永嘉、瑞安、乐清、平阳、泰顺。

处州府：丽水、青田、缙云、松阳、遂昌、龙泉、庆元、云和、宣平、景宁。

绍兴府：山阴、会稽、萧山、诸暨、余姚、上虞、新昌、嵊县。

宁波府：鄞县、慈溪、奉化。

共计十府六十二县（当时全省为十二府六十七县），面积近九万平方公里。

[叁]方岩庙会的渊源和发展

方岩庙会的形成,从立庙奉祀到迎神赛会,须经历一个相当长的渐变过程,具体开始于何时,难有明确的界定。永康民俗研究人士一般认为,方岩庙会大约始于北宋宣和年间(1119)宋徽宗封胡则佑顺侯至南宋末年(1162)宋高宗赐胡公庙额之间。祭祀胡公的活动不断升温,朝拜形式不断丰富,从而形成了方岩庙会。

陈亮(1143—1194)曾于宋淳熙十年(1183)九月癸丑日作《讯神文》,文中描述:"遇岁欠若丰,争相出力,拔贫为助。村妆社服,殊名异类,千百为群,前呵后拥,头强目瞪,手振足掉(蹈),顾影自喜。俚容鄙态,间见层出……问其名,甚至偕天子之威仪,悚然有畅于心也。"讯者,讯问或审问也。陈亮所讯之神即为故兵部侍郎佑顺侯胡公。对于此文的用意,在此不作遑论,然而,从中可以看出,在胡公逝世一百四十余年后的南宋时期,方岩庙会已有相当规模了。

据《库川胡氏宗谱》记载:大明洪武己巳廿二年(1389),明太祖敕封胡则为"显应正惠忠佑福德齐天大帝"。从此,百姓敬称胡则为"胡公大帝"。

明朝嘉靖年间,东南沿海一带倭患严重。据《嘉靖东南平倭通录》记载:"明嘉靖三十五年(1556)四月,(倭寇)万余人流劫浙江,而兰溪焚杀特惨。"《永康县志》记载:"倭寇逼近永康时,知县史朝富率民兵三千人抵御。"

明嘉靖三十八年（1559），戚继光在义乌、永康、缙云一带，以杀贼保民为号召，招募抗倭新军，去台州抗击倭寇，九战九捷，浙境倭患遂告平。继而组织民团，号召习武自卫。永康子弟从戚家军返乡后，就把军中练兵布阵的章法，在农闲时领头操练演武。永康一带农村逐渐形成了习武的风俗，并将这种习武风俗与朝拜"胡公"的庙会娱神活动有机地结合起来。此时，全县村庄普遍设立胡公会，组织罗汉班习武强身，在庙会之时上方岩朝拜胡公，称为"打罗汉"，寓意接受胡公检阅，保佑平安。

之所以将这种习武自卫、接受胡公检阅的风俗称为"打罗汉"，据说基于两点：一是永康民间视罗汉（即佛教中的阿罗汉）为神通广大、力大无穷的大力神，民众参加罗汉班，寄望练成身强体壮、武功高超的"罗汉"；二是罗汉班主要是培训武术，练习武打，因此称之为"打罗汉"。

从此，方岩庙会被赋予了新的内容和新的形式，民众参与热情更高，庙会趋于成熟。

隆庆五年进士、累官四川布政使等职的永康方岩人程正谊（1530—1610）曾作长诗《方岩赛神诗》（《宸华堂集》卷一），描述当时方岩庙会的盛况：

白露玄蝉应秋律，天高气爽凉风拂。

千家胜会拥云来，五龙山下欢娱集。

胡公七宝饰行台，流苏荧煌金殿开。

凤笙龙管列歌吹，玉勒金鞍导骑来。

金炉麟口檀烟袅，翠葆红缨珠顶小。

鳞光射日双龙飞，万岁金牌开八道。

车马辚辚无数多，虎豹犀象青骆驼。

叠鼓鸣钲翻婺水，长旗高旆拂星河。

百里衔枚谙兵律，万夫超距挥金戈。

会龙桥上风门近，南北路途到此尽。

家家贾勇争先登，年年复仇接兵刃。

一声吼喊山谷应，万炮齐鸣地轴震。

虽是乡间儿戏风，勇过边城龙虎阵。

原来此事为神香，今日翻成厮杀场。

角力争雄成近俗，喧嚣鼓舞运遐方。

东瓯南括空闾里，八婺三衢弃耕市。

缝衣缉履裹糇粮，斋心涤虑费金赀。

呼风唤雨十方人，走马鸣鞘万家子。

观客坐拥太行山，行人倾泻黄河水。

纷纷扰扰红尘昏，行到飞桥相踊死。

风光烂漫人荒唐，酒肆延衾千里长。

吹弹歌舞喧昼夜，一国之中皆若狂。

观风使者当厘革，况复年来多杀伤。

自古宜民有张弛，八蜡之祀由先王。

移风易俗须久道，化成不在速更张。

褒崇典礼中多悖，胡公之灵应不昧。

宋室臣子我明同，谬攸何忍尊称帝？

垂檐复道殿庭开，巍峨南拥君王位。

公非释子并道流，春秋之法其何谓？

冉求不救旅泰山，仲尼弹指空长叹。

胡公吾党高明士，那得不如林放贤？

全诗尽情描绘了方岩庙会的盛况。"千家胜会拥云来，五龙山下欢娱集"，"呼风唤雨十方人，走马鸣鞘万家子"，多么壮观的庙会场景！"凤笙龙管列歌吹，玉勒金鞍导骑来"，"鳞光射日双龙飞，万岁金牌开八道"，多么盛大的朝拜礼仪！迎胡公的仪仗竟然可与帝王相比拟。前有乐队歌吹，金鞍导骑，金炉腾烟，翠葆招摇，长旆开道，后有车马辚啸，羽旄掩映，击鼓鸣金，武士随扈。"一声吼喊山谷应，万炮齐鸣地轴震"，多么威武的打罗汉表演啊！

据《金华府志》记载："邑人奉祠唯谨，每岁秋仲，浙东西来礼于祠者，率数万人。"据永康方岩镇独松村历代传说，原籍该村的明代榜眼程文德于嘉靖九年（1530）左右，将嘉靖皇帝赐予的珍贵楠木运回村里，按金銮殿的式样雕造胡公神龛。因此，独松村的神龛特别精

祭拜胡公

美，金碧辉煌，体积也比别处的胡公神龛要大，故其神龛一人背不动，只能两人扛抬。又据东阳县洪塘乡许宅《许氏宗谱》记载，明朝天启年间（1621—1627），原籍该村的兵部尚书许弘纲，童年时目睹方岩庙会之盛况，于是在他告老还乡后，在本地建造胡公庙，并组织乡里的民间艺人创编《东阳花锣鼓》曲调，于农历八月十三，吹吹打打从东阳到方岩朝拜"胡公大帝"。

从以上记载可见，明嘉靖年间方岩庙会已十分盛行，而且已辐射至毗邻各县，影响深远。

至清代，信奉胡公之风更为盛行。民众视胡公为神通广大、保佑一方、有求必应的地方神。风调雨顺，五谷丰登，祈求胡公；消灾避

胡公巡游

祸，家道平安，祈求胡公；纳福增寿，发家致富，祈求胡公；甚至寻求佳偶，早生贵子，也祈求胡公赐予好运。永康民间有"十岁上方岩"的习俗，以求胡公保佑，快长快大，无灾无病。外地乡民不仅远道上方岩朝拜胡公，而且为奉祀之方便，在浙江各地和福建、江苏、江西等邻省也建有胡公庙和胡公别祠。

自清代至民国时期，方岩庙会成了永康城乡百姓的盛大节日，成了乡民业余文化生活的重要内容。正因为城乡百姓对胡公之崇敬达到顶礼膜拜的程度，故广大民众参加方岩庙会活动，一呼百应，充满热情。清末至民国时期和抗日战争胜利后的1945年至1948年，为方岩庙会最鼎盛之时。此时，永康全县有胡公会七十二个，凡胡公

朝拜胡公

会成员村和助案村，一般都有一支罗汉班，个别人口多的大村还有数支罗汉班。如"在城六保"的高镇村当时有三支罗汉班，三十二都的油溪塘村当时有两支罗汉班；三十一都芝英大村有八个保（村），每个保各有一支罗汉班。全县共有罗汉班四五百支。而跟随罗汉班的民间文艺表演队则更多，每支罗汉班后面至少有两三个表演队，全县约有近千支。其文艺表演形式年复一年，不断翻新，不断丰富，精彩纷呈。

由于罗汉班和歌舞队队伍众多，方岩山顶地方狭小，所以各地胡公会只得错开朝拜日期。据说在清代经广慈寺方丈出面协调，约定各地胡公会上方岩朝拜日期，甚至约定在胡公殿前的朝拜时辰，以免

方岩打罗汉

互相拥挤，发生纠纷。因此，方岩庙会会期拉长为每年农历八月初一至九月十四前后，会期近两个月。中间掀起两个高潮：八月十三和九月重阳。

八月十三即传说中胡公生日的这一天，本县有二十多个胡公会的一百多支罗汉班上方岩朝拜胡公。从早晨开始，各地的迎案队伍就络绎不绝地上方岩，直到下午芝英庄的迎案队伍上方岩参拜后，才基本结束。其实，从八月十二晚上开始，就陆续有本县和周边东阳、磐安、缙云等县的小型朝拜队伍上方岩来。这些队伍没有罗汉班和歌舞队，只有十余人，其中一人挑着两面锣，挑者敲前面的锣，另一人跟后敲后面的锣，前一下，后一下，边走边敲；一人领着香，数人扛着旗；又一人扛着胡公神龛或胡公牌位。包括这些小型朝拜队伍，民间有八

《讨饭莲花》

月十三"七十二个胡公上方岩"之说。

九月初九重阳节是另一个朝拜高潮,据调查,这天有五十余支罗汉班上方岩。当时流传着这样的谚语:"重阳初八夜,岩上岩下要挤派(破),有草席,无稿荐(床垫)。"另外,九月十四东阳石鼓岭下的迎案上方岩,也很热闹,故有"九月十四赛重阳"之说。

庙会期间,方岩山上迎案队伍加上外地赶来朝拜胡公的香客及观赏庙会的游客,天天人山人海,摩肩接踵,热闹非凡。方岩山上山下,"祈赛者益踵相接,帜仗蔽道",一派热闹繁忙景象。特别是农历八月十三,多达两三万人。

　　此时的方岩庙会,不仅是永康百姓的盛大节日,而且也是浙中一带百姓的重大节日。金华各县及衢州、丽水、台州、温州等地的民众,在庙会期间,纷纷来方岩朝拜胡公和观看庙会,形成了以永康为中心,以衢婺两州为重点,覆盖浙中、浙西、浙东、浙南的庙会活动区。

　　此时,方岩庙会走上了程式化、规范化的轨道,约定日期,约定程式,约定乡规,自觉遵守,互不干扰,使庙会活动有条不紊,长盛不衰。

　　新中国成立后,方岩庙会曾一度被视为封建迷信而受到限制,庙会活动急剧萎缩,但在20世纪50年代前期及60年代初,仍有一些村庄组织罗汉班上方岩朝拜胡公。至1966年"文化大革命"开始后,各地的胡公神龛被烧,方岩胡公庙被毁,天门关闭,方岩庙会被彻底禁止。

　　改革开放后,方岩庙会活动逐渐复苏。1991年,永康县人民政府隆重举办方岩文化庙会,一方面在县城举行大型文艺演出和开展商务活动,一方面组织一些罗汉班和歌舞队在方岩表演,正式为方岩庙会正名,宣告了方岩庙会的复苏,重新唤起了民众参加方岩庙会的热情。

　　20世纪90年代初,永康各地的胡公会纷纷恢复活动,他们重新雕制胡公神龛和置办仪仗道具,重新组织罗汉班和表演队参加方岩庙会。方岩庙会的重新兴起,充分显示了具有千年历史的民间草根文化的强大生命力。

　　从20世纪90年代开始,在永康市委、市政府的重视下,部分罗

打罗汉表演

打罗汉表演

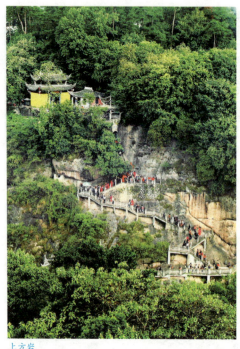

上方岩

汉班和歌舞队得以上方岩表演,文化、公安、旅游等部门和方岩镇人民政府密切配合,共同管理,落实安全措施,确保庙会活动安全有序开展,十余年来未有意外事故发生。

2006年,永康市人民政府正式决定举行一年一度的方岩庙会,由永康市人民政府主办,市文化新闻出版局和方岩镇人民政府承办。该年10月4日(农历八月十三日)上午,在方岩山顶的南岩风景区广场举行开幕式,自此重新拉开了方岩庙会的序幕,游客人如潮涌,观众喜笑颜开,预示着方岩庙会步入重新传承发展的轨道。

复苏的方岩庙会,各地罗汉班较从前明显减少,因罗汉班队伍较为庞大,且以青壮年为主体,而现在农村的青壮男子大多在外经商办厂或务工,无暇参与,罗汉班人力不足;而且,罗汉班的培训和练习时间较长,费资费时,难度较大。然而,现在取而代之的以中青年女子

20世纪90年代方岩庙会

方岩庙会文艺表演

2007年方岩庙会

为主体的表演队明显增多。而且，不断引进现代的表演形式，如腰鼓队、洋鼓队、健美舞、红绸舞、木兰扇等。另外，简化了祭拜仪式，有的胡公会去除了比较烦琐的开殿门、降神童、换香火等程序，更注重文艺表演，使庙会活动与时俱进，在传承中得到发展。

另一个现象是，由于进入方岩风景区门票较贵，各地感到负担较重，因此，很多罗汉班（包括歌舞队）改去方岩附近的胡库村胡公陵园朝拜。据统计，近年来，每年去胡公陵园朝拜的罗汉班和歌舞队有三十余支。也有的罗汉班和歌舞队，就在本村和附近各村巡游表演，很少去方岩胡公祠参拜。

[肆]方岩庙会的影响

方岩庙会历史悠久，长盛不衰，覆盖地域广，参与人数多，闻名遐迹，影响深远，为江南地区著名的文化庙会。

方岩庙会的影响，其实就是胡公大帝的影响。胡公在世时，顺应民心，为民请命，奏免身丁钱，泽惠黎民；在他殁后，百姓感其恩德，祭祀朝拜，推崇敬仰，信奉的民众越来越多，从而形成了一年一度的方岩庙会。

民众信奉胡公大帝和参与方岩庙会活动，就地域而言，可分为三个层次。

首先是庙会核心圈。这是直接朝拜胡公、参加方岩庙会的地域，包括永康绝大部分村庄和相邻的东阳、磐安、缙云的部分村镇。

民国14年（1925）出版的《方岩指南》一书中记载着永康和东阳部分村庄上方岩朝拜胡公的日期，兹录如下：

上岩日期	村　名
八月初九	在城六保　理溪谢
八月初十	大武平　金坑　溪田　前流　桐坑　大园
八月十一	四十都沿口　大井头　仙林
八月十二	后郦　溪边岩（颜）　太平四十三都　马溪　灵山
八月十三	鱼父里　后庄胡　青塘下　下朱　桥头周　桥下　张岭口　后宅　后景岩（颜）　下宅口　灵塘　里麻车　胡塘下　寺口　西山　石江　青山口　黄溪滩　白（柏）岩　芝英寺（柿）后　吕南宅　后塘弄　俞溪头

续表

八月十四	独松 石鼓塘 东南湖
八月十五	街头 马坊
九月初一	马上桥
九月初四	白竹
九月初八	在城八保
九月初九	小武平 横洋三保 搭（塔）儿头 十八保 三保 洪塘 上下桐塘 古山 金畈
九月初十	家（官）塘下
九月十四	石鼓岭下

其次是庙会信奉圈。包括永康毗邻的金华各县以及宁波、绍兴、衢州、丽水、台州、温州等地。这些地区的民众对胡公大帝虔诚敬仰，有的地方在当地建有胡公庙，在庙会期间来方岩朝拜胡公或在当地举行敬奉胡公的纪念活动。大多数地方还流传着小孩十岁时要上方岩朝拜胡公的风俗，祈求胡公保佑，健康成长，快长快大，无病无灾。东阳籍人大原副委员长严济慈，1992年重游方岩时曾说，他十岁时上过方岩，拜过胡公。还有离永康较远的嵊州，民众有迎"鸡娘案"的风俗，每年方岩庙会期间，一人敲一面锣，举一面旗，带一只鸡，到方岩祭拜胡公。

第三是庙会香客圈。据胡国钧先生对1985年至1994年的十年间方岩香客的不完全统计，方岩风景区平均每年游客量约60万人次，其中以朝拜胡公大帝为主的香客约占十分之六七，即每年40万人次左右。这些香客绝大多数来自核心圈和信奉圈，但也有不少来自其他地方的香客。据方岩胡公庙随缘乐助登记册统计，施主较多的市县有：

浙江省：嘉兴、桐乡、平湖、海宁、湖州、长兴、宁波、奉化、镇海。

江苏省：宜兴、溧阳、苏州、吴县、无锡、常州、江阴、昆山、南京。

安徽省：歙县、屯溪、休宁、黟县、祁门、安庆、亳县、合肥。

江西省：玉山、上饶、广丰、婺源、德兴、景德镇、弋阳、贵溪、鹰潭、铅山、南昌。

福建省：浦城、崇安、建阳、寿宁、福鼎、泉州、厦门、福州。

上海市：青浦、松江、奉贤、川沙、嘉定、宝山、崇明、市区。

广西壮族自治区：桂平、宜山。

广东省：广州、东莞。

此外，还有中国台湾、香港、澳门以及日本、新加坡、印尼、缅甸、泰国、马来西亚等国家和地区的香客与游客。

由此可见，胡公信徒分布地域之广，方岩庙会影响之大，堪称我国江南最大庙会之一。

二、方岩庙会的胡公祭祀

方岩庙会活动俗称『迎案』，主要活动内容是『打罗汉』，也就是罗汉班和民间歌舞队上方岩朝拜胡公。由于其精神寄托是信仰胡公，祈求保佑，消灾纳福，这在广大民众的心目中，是关系到每家每户子财寿禄、祸福休咎的大事，因此其活动仪式隆重，戒规甚多，从开始筹备到礼成结束，一般需要一两个月时间。

二、方岩庙会的胡公祭祀

　　永康各地参加方岩庙会朝拜胡公的活动俗称"迎案"。"案"指的是胡公神龛，故神龛也称神案。一般在每年的农历七月半前后开始筹备。参加联保的村，先由联保胡公会召开筹备会，由驻坐胡公神龛的村（俗称出案村）负责召集，商议本年庙会活动的安排，然后各村各自开始筹备工作。

　　旧时，有迎胡公活动的村，都有一个胡公会组织，由宗祠家长和当地有名望的士绅组成。20世纪50年代以后，方岩庙会基本停止活动，胡公会也不复存在。自90年代庙会重新复苏以来，胡公会大都由当地老年协会或热心庙会活动的村干部出面牵头经办。

[壹]准备阶段

　　筹备工作主要内容是：

1. 确定节目

　　一方面落实罗汉班参与人员，一方面根据本村人财物情况，商定当年参加庙会活动的民间文艺表演节目，选定人员。

2. 筹集资金

　　旧时各村都有宗祠，有属于宗祠公有的山林、田地、房产（永康人称为"常主"），有的村还有胡公会专门的田产，庙会经费一般就从这些财产收入中拨付开支，无需筹措。新中国成立后，"常主"田产和胡公会田产不复存在，庙会经费就由"拢头人"筹集了。现在主要是向村中经商办厂的企业寻求赞助。由于这是人人关心的善事，而且每人乐助的钱物数额张榜公布，公开透明，所以筹集起来比较容易。

3. 食拢头酒

按照传统习俗，在罗汉班和表演队开始排练之前，都要安排食拢头酒。所谓拢头酒，就是由拢头人择个吉日，备办酒席，召集全村准备参加庙会活动的主要骨干或全体人员前来聚餐。酒席主要是猪牛羊肉和酒，以及永康传统小吃麻糍、小麦饼等。"食过拢头酒，罗汉不松手"，意思是从此下定决心，同心协力，参与始终，不打退堂鼓，不中途变卦。

4. 组织训练

新中国成立前，拳师（俗称拳马师）大都从外村聘请，也有本村师传的拳师。这些人员虽非科班出身，没有受过正规的武术训练，但多少都会一点拳脚功夫，作为启蒙老师基本上能够胜任。他们多数属义务性质，无需酬金。拢头人把参加庙会活动的人员分类组织起来后，再排定时间（通常在晚上）由拳马师进行手把手训练，内容包括打拳（多为洪拳）、拆拳（两人徒手对打）、舞棍、拆棍（两人棍棒对打）、

舞大刀、参阵（变化队形，组成阵式）等。

5. 备办道具

一是罗汉班所需的道具，如头旗（俗称蜈蚣旗）、锣鼓、刀棍、叉、剑、盾（藤）牌、铁铳等；二是歌舞队所需的道具，如用竹子扎制的蚌壳、旋车、蝴蝶等。上述行头道具的来源，一是原已置办的道具，进行修理整补；二是集资购买；三是村民自愿捐助；四是由参与者自备。服装大多统一制作，经费自负。

对于上述事项，拢头人都要检查督促，做好协调，并帮助个别有困难者解决一些实际问题。

迎案准备

准备出发

参加庙会

武术培训

[贰]起祭阶段

各地胡公会祭祀的方式和过程不尽相同，但基本程式大致相似。

1. 开殿门

开殿门顾名思义就是打开胡公殿的殿门。先清扫场地，整理神帐和仪仗，然后举行开殿门仪式。一般由领头者或年长者主持，供献三牲和糕果等祭品。开殿门仪式在驻坐胡公神龛的村举行，本村的罗汉班和联保的罗汉班共同参与，意为恭请胡公出门巡游。

最早开殿门的是廿八都胡库胡公会，他们于每年农历八月初一上方岩开殿门。据《库川宗谱》记载："该日，库川大宗管事要早早赶上方岩山打开天门，让第一批香客进殿朝拜胡公。"该村所以能享此优先，是因为胡库是胡公后裔的聚居地。

方岩镇独松村的开殿门称"老胡爷出位"，每年农历八月初一在本村举行。简单的仪式后，抬出胡公神龛，迎着仪仗在村中巡游。从这天开始，村民各自在胡公神龛前供奉祭品，许愿还愿，虔诚参拜。

2. 祭叉

开过殿门后，一般随即进行祭叉，这是方岩庙会活动中不可缺少的程序。

各地祭叉，各自约定时辰。其仪式较为隆重，颇具神秘色彩。罗汉班人员，头天晚上需沐浴更衣，夫妻不得行房，保持身心洁净。

三十五都独松村祭叉程序为：

一、请出胡公神龛置于祠堂前空地上，秉烛焚香，供奉祭品。

二、将罗汉班的刀叉、头旗等道具，头部朝上，相互支撑，竖立在场地中央。先立四门叉（响铃叉），接着立四大刀、四滚叉、头旗（蜈蚣旗）、盾牌及棍棒。需小心轻放，切忌翻倒，否则被视为兆头不好。此时全场寂静无声，不得喧哗。

三、罗汉班人员站在竖立的道具之前，"罗汉头"（领头人）宣读祭文，最后高喊："开炮开锣，见血为胜！"

四、此时锣鼓大作，一头旗手拎来一只活雄鸡，用嘴咬破鸡冠，将鸡血点沾在刀叉等道具上，意为保佑迎案吉利。旧时认为鸡血与人血一样都是红色的，象征生命，点沾鸡血后的刀叉等道具便有了灵性。

五、罗汉班人员点燃小鞭炮，燃烧香纸，围绕竖立的道具，正手三圈、反手三圈跑跳。

六、罗汉头分发刀叉等道具给罗汉班队员。

祭叉仪式结束后，罗汉班接着开始参阵演武。

四十四都山坞村祭叉程序：

祭叉在老胡爷神龛前空地举行。用蒲柳篮大小两只，四把四门叉竖立在广场中央，其他刀枪棍棒插在大小蒲柳篮上，蜈蚣旗竖在广场中间，由"棚头"（罗汉班由九人组成领头班子，叫"九手"，棚头是九人中的领头人）宣读祭文，随后将雄鸡一只拿在手上，用牙齿咬破鸡冠，出血后，按左三圈、右三圈将所有罗汉班兵器点上鸡血（俗称"见红"），表示罗汉班出场平安顺利。然后，开始现场表演。先是四门叉上场（此时敲锣鼓），同时各罗汉队员都拿起自己手中的道具。待先锋号吹响，鸣锣放炮，鼓声大作，全体罗汉队员参与团阵。

山坞村祭叉祭词：

"敕！龙香凤结，天降吉祥。禀告上界方岩胡公大帝、三夫人，及坛下大小兵将，今有祭拜者，浙江省永康市舟山镇新楼山坞村，原金华府永康县四十四都武平乡花坞庄，于今年今月今日本庄罗汉

祭祀祭品

祭叉仪式

祭叉仪式

班出场游案，以纪念胡公大帝恩德。现特献凤鸡一只，以祭刀、枪、棍、棒、叉、旗、响器，望胡公大帝保佑我庄罗汉班游乡平安，来年风调雨顺，五谷丰登，村民康泰，无病无灾。禀告人：山坞罗汉班全体人员。"

3. 游案

永康各地的胡公会，一般都在祭叉的当天进行游案。游案就是同联保胡公会的各村罗汉班和歌舞队，在胡公仪仗和胡公神龛的前导下，去联保村和助案村以及友邻村巡游。

每年游案都有固定的线路（称"案路"）。如三十三半都胡公会的游案线路为：从后塘弄出发，经黄塘坑、弓塘、榔山殿、上胡、前陈、上徐店、下徐店、前俞、大塘下、后力坑、白莲塘、象牙里、长塘头、大雪口、后坑底，最后返回后塘弄村歇夜，其余各村的队伍即返回各村。游案途经古山、溪岸、大后三个乡镇的十五个自然村，行程约50华里。

游案其实就是请迎案和助案的各村父老观赏和检阅自己的队伍，并对关心、支持庙会活动的乡亲表示慰问和感谢。游案对村民来说，也是一年中难得的文化大餐，因此游案队伍每到一地，都会受到热烈的欢迎，村民争相观看。各村都要燃放鞭炮，并备好茶水点心，热情招待。

游案队伍的排列顺序一般为：胡公仪仗及神龛——出案村罗汉

班和歌舞队——联保各村的罗汉班和歌舞队(先后排列次序,有些地方每年抽签决定,有的即是按到场时间早晚随机排列)——最后是归案村罗汉班和歌舞队。

游案时胡公仪仗的排列,各地大同小异。

三十五都独松村胡公仪仗排列(括号内为参与人员):

一、鹅毛旗二面(高4米,二人):

"浙江永康方岩镇独松村胡公大帝",

"浙江永康游仙乡三十五都独松庄胜案";

二、锣鼓队:先锋二把(二人),锣鼓手及抬鼓者(七人);

三、头旗(蜈蚣旗)八支(八人);

四、领香(放鞭炮)(一人);

五、胡公大旗一面(一人);

六、龙凤旗(龙五面,凤五面)(十人);

七、大锣二面,各二人扛(四人);

八、大高照二支(二人);

九、"肃静""回避"牌二块(二人);

十、香桌一张(二人抬);

十一、红凉伞一把(红色绣凤代表夫人)(一人);

十二、胡公神龛(八人抬);

十三、日月扇二把(二人);

十四、皇凉伞（黄色绣龙）（一人）；

十五、兵器八支（八人）。

[叁]朝拜阶段

每年的方岩庙会开始，按传统习俗，廿八都胡库胡公会于农历八月初一首先上方岩朝拜他们的先祖胡公，在胡公殿前举行隆重的祭拜仪式。20 世纪 50 年代后，由于各种原因，祭拜活动中断了半个多世纪。2010 年，胡库胡公会在胡公后裔的要求下恢复了这一传统祭拜活动。2013 年，永康市非物质文化遗产保护中心在浙江省文化厅"非遗"专家的指导下，对这一民间祭祀进行挖掘整理，于农历八月十三在方岩胡公祠前举行隆重的纪念胡公大帝诞辰一千零

迎胡公游案

迎胡公游案

迎胡公头旗

迎胡公仪仗队

五十周年祭祀大典,进一步增浓了方岩庙会的隆重气氛,丰富了方岩庙会的历史文化底蕴。

其祭祀大典的程序为:

一、击鼓十八通,鸣锣九响。

二、先锋吹起,十八位武士各执旗幡立于两旁。

三、司仪、主祭、副祭、礼生(胡公后裔)穿礼服,佩礼巾出场,列于胡公祠前。

四、敬献供品(牛头牛尾、全猪、全羊、五谷、瓜果)。

五、献奠帛,奉香,敬香。

六、三献礼(献爵三巡,全体人员行三跪九叩之礼)。

七、肃立缅怀。

八、吟诵祭文。

九、燎毕、礼成。

纪念胡公大帝诞辰一千零五十周年祭礼大典祭文：

> 胡公大帝，姓胡名则，胡库人氏，出身寒门。
>
> 自幼刻苦，潜心勤学，精通六艺，熟读五经。
>
> 时当宋初，显擢科第，应举进士，婺之首人。
>
> 出仕为官，十握州符，六持使节，三朝元臣。
>
> 为官一任，造福一方，选曹计省，累功迁升。
>
> 奏免丁钱，大庇斯人，百姓感德，立庙奉敬。
>
> 生念黎民，殁为神明，护佑乡梓，祈福有应。
>
> 几代皇帝，屡加诰封，由侯而公，庙额赫灵。
>
> 八方信众，虔诚朝拜，方岩庙会，千年长盛。
>
> 今逢盛世，政通人和，物阜民康，风调雨顺。
>
> 公之诞辰，隆重祭典，掬呈薄奠，仰表崇敬。
>
> 唯公有灵，光照日月，谢谒以酬，伏祈鉴诚。

> 岁次癸巳八月十三

全县各地胡公会上方岩朝拜"胡公大帝"，这是"迎案"的高潮，仪式更为隆重。凡参加朝拜的罗汉班和歌舞队人员，头天晚上必须沐浴更衣，夫妻不得行房。凌晨雄鸡头啼即起来整装，带上道具和点心（以粽子、小麦饼、糕干麦饼为主），然后整队出发。至方岩山下，与同一胡公会的罗汉班、歌舞队会齐后，在胡公仪仗和胡公神龛的前导下，经过岩下街村中的老街（现称"明清一条街"），然后沿着方岩南麓山路，过飞桥，登上天门，直至胡公殿前。

到达后，先将胡公神龛置于殿前，全体人员参拜胡公，其时，鼓乐齐鸣，铁铳、鞭炮齐响。接着迎案队伍从殿前到殿后，顺向跳三圈，逆向跳三圈，称为"跳罗汉"。此时，罗汉班中一名巫师（降神童），跳上胡公殿前的大香炉，掬一把香灰放进胡公神龛中的小香炉里，名为"换香火"。意为朝拜胡公，香火延续不断，代代相传。（有的胡公会有时因种种原因未能组织罗汉班上方岩朝拜，他们也要派几个人扛着胡公神龛，敲锣打鼓到胡公殿前换香火。不换过香火，被视为不敬。）

换来新香火后，迎案队伍即离开胡公殿，让另一个胡公会的罗汉班参拜。由于同一天有好多个胡公会的罗汉班队伍参拜胡公，所以各个胡公会按早先约定的日期上方岩并约定时辰参拜，相互错开，自觉遵守，不可违规，互不干扰。

各个迎案队伍参拜胡公后，即走下方岩（称"落岩"），沿原路返回。返回时，在沿途村庄巡游表演，称"打回头案"。

[肆]归案阶段

归案就是迎胡公活动经过开殿门、祭叉、游案、上方岩朝拜及打

胡公祭典

胡公祭典

回头案后,将胡公神龛送回原胡公殿或送至新归案村,一年一度的方岩庙会才告礼成,圆满结束。

永康各地驻坐胡公神龛有两种约定。

一是神龛固定坐镇于一地。有:

胡公会	迎案村	固坐之地
十七都金畈	唐先镇大部分村	金畈村
廿三都柏岩	柏岩棠溪等二十余个村	柏西村
廿二都寺口	寺口等十余村	寺口村
廿五都洪塘	洪塘、莲屋	洪塘村
廿八都胡库	胡库村	胡库下村
三十一都芝英庄	芝英一至八村	芝英紫霄观
三十一都岘口	岘口等十二个村	岘口村
三十二都厚塘	厚塘、黄圹坑	厚塘村
三十五都独松	独松村	独松村

二是多村联保的胡公会,胡公神龛由联保各村轮流驻坐,每年轮换。其驻坐的间隔时间根据本联保(村)多少而定。有的保(村)隔三四年轮坐一年,有的保(村)需隔十余年轮坐一年。有的胡公会中各保(村)有不同的"份子"(可能与早年成立胡公会时出钱多少有

关），驻坐神龛的间隔时间也按此而定。如三十七都胡公会共有十三
个村，俞溪头等九个村各为一"脚"（份），每十一年轮坐一年，而柯陈
等四个村各为半"脚"（份），需二十二年才能轮坐一年。又如在城六
保胡公会中，高镇村为一"脚"，每六年轮坐一年，而溪心等十个村合
为一"脚"，各村需要六十年才能轮坐一年。而助案村轮不到驻坐。
据说这是明清时成立联保胡公会之初就商定的，历来遵行。

20世纪90年代方岩庙会复苏后，有的胡公会商定，不论迎案村
还是助案村，共同轮坐胡公神龛，每村一年。三十二都三保胡公会共
有二十二个村（包括自然村），每二十二年轮坐一年。2012年轮满后，
该胡公会抽签商定新一轮胡公神龛的轮坐年份，列表如下：

胡堰街村	2013年	里塘下村	2014年
下南山村	2015年	荆山村	2016年
西卢村	2017年	宅口村	2018年
游溪塘村	2019年	炉头村	2020年
练结村	2021年	前舒村	2022年
黄店村	2023年	下应村	2024年
上南山	2025年	后吴村	2026年
儒堂村	2027年	下余村	2028年

续表

桥里村	2029年	千马何村	2030年
后杜村	2031年	荆山夏村	2032年
下畈村	2033年	郑村	2034年

东阳市金德乡帅人半都，虎久保轮流的胡公，现改为十之个自然村共有轮流的胡公，有关各项决定。

一、二○○年由十之个自然村，名人在寺奇村会议，通过决定，民间娱乐节日的案同，（各村遊行罗汉紫会的时间）定于农历九月初三日。

二、农历九月初之日，胡公遊行，出会时间，定于九月初之日上午八点钟止。

三、九月初之遊行案同日，各村派出代表午饭，由胡公所在村负责。

四、各个自然村，迎胡公的工具，搓签抽阄办法进行萠实，名称如下。

一 彩凤扇 二把	后项村	十一 大灯笼二盏	郎村
二 香炉桌 二人	殿下村	十二 大刀 二把	上里皮村
三 彩镖 二人	坊塘泉雨	十三 太武牌 二块	高山底村
四 文武牌 二块	寺奇村	十四 文武牌 二块	姚吵村
五 充夫牌 二块	新屋村		
六 长旗 二条	里保舍村	以上萠实问题。	
七 长旗 二条	下里皮村	希各个自然村遵照执行负责。	
八 长旗 二条	石柱村	谢谢大家。	
九 彩亭 一名	叶田岩孔	二〇二四年农历八月十五日。	
十 大刀 二把	下陈村	后项村胡公会启	

迎胡公仪仗账单

由于胡公神龛需要多年才能轮驻一年,故有的村建有胡公殿,也有的村没有专建的胡公殿,在轮到驻坐胡公神龛时,临时在村中的祠堂或厅间设坛供奉。

胡公仪仗和胡公神龛的交接十分隆重,明清以来,各地胡公会各有约定,各自循规遵守。如三十二都五保和三十二都三保,上方岩朝拜胡公后,规定在芝英市基进行交接,并举行打罗汉和歌舞表演,热闹非凡。三十六半都约定农历九月初七上方岩朝拜胡公后,下午在石柱大桥进行交接。此时大桥两头锣鼓喧天,鞭炮震响,人头攒动,争相观看,气势壮观。交接时,胡公神龛中的装饰和仪仗都要按账簿一一点清。

出于对胡公的虔诚膜拜和轮坐胡公神龛的千载难逢,对于胡公神龛的交接,出案和归案的村都十分重视,特别是归案村更是全力以赴,精心筹办。清扫环境,张灯结彩,请来戏班,成为该村的盛大节日。村民纷纷邀请亲朋好友前来看戏,热闹非凡。这一风俗至今仍存,民众兴致不减。

三十六半都胡公会,2012年在姚塘村归案,该村早在农历七月初就在村老年协会的牵头下开始筹备:筹集资金,落实罗汉班人员,增添道具,聘请拳师,精心训练,提高演武技艺。农历九月初七归案时,村中搭起四座彩门,放起十几个气球,张灯结彩,还请来两个剧团,一派欢庆景象。为迎接胡公归案,祈求好运,村中十位青壮年捐

胡公归案

胡公归案

资迎扛胡公神龛，每人一华里，犹如迎奥运火炬接力一样。全村两百
户人家，有一百六十九户主动报名要求轮流供奉胡公，每人一天，备办
祭品，焚香秉烛。一轮过罢，又接一轮，祭品和香火天天不断。

　　由此可见村民对胡公的虔诚敬仰，以及方岩庙会这一习俗在永
康百姓心目中的根深蒂固。

三、方岩庙会的行会

参加方岩庙会的「迎案」队伍，由胡公神龛及其卤簿仪仗、罗汉班和民间文艺表演队伍组成。方岩庙会的主要表演形式是「打罗汉」和民间歌舞。

三、方岩庙会的行会

[壹]胡公神龛及仪仗

胡公神龛由樟木雕制而成,高60—80厘米,宽60—80厘米,呈桃子形。中间一般为三层宫殿式结构,中有"胡公"全身雕像,高五六厘米,坐在第一层正中(也有的坐第二或第三层的)。另有十余个高四五厘米的雕像,为胡公的夫人、胡公的十弟兄等人物。四周浮雕着游龙和祥云。整座神龛朱漆贴金,边缘饰有许多红色小绒花,神龛上方披着大红披风。神龛下连支撑的四脚鞍马,高约60厘米,既可供双肩扛负,又可放置在桌上供祭拜和观赏。

各地的胡公神龛由各地民间艺人雕制,形状大同小异,各有特色。胡公神龛重二三十斤,由一人肩扛。也有少数胡公会的胡公神龛体积较大,需两人抬扛。如独松村胡公神龛特别大,乡间有俗语云:"独松侬犯蛮腔,老胡爷两个侬扛。"更有胡库下村的胡公神龛体积特大,需四人抬扛。

胡公神龛需由"胡公会"的理事(俗称"胡相公脚"或"老胡爷脚")或当地有名望的人士肩扛。扛者身穿长衫,头扎红布,视为吉利。

各地胡公会的胡公仪仗各不相同,但都大同小异。

古山镇胡库下村（廿八都胡公会）的胡公仪仗（括号内为抬举人数）：

一、长保头旗二杆（二人）。俗称鹅毛旗。这是各个胡公会的标志旗，走在仪仗队伍的最前面。每杆旗高4米，宽40厘米，用白布制成，绑在长竹竿上，每人举迎一杆。布上直行书写黑字："永康县游仙乡廿八都胡公胜案"、"永康县游仙乡廿八都胡公故里胜案"。永康各地胡公会的迎案队伍都称为"胜案"，寓意威武雄壮，旗开得胜。

二、大锣二面（二人）。直径约50厘米，排在长保头旗之后。

三、开道牌四块（四人）。"肃静""回避"一对两块，"胡公"（正面）"大帝"（背面），"进士"（正面）"侍郎"（背面）一对两块。

四、四方旗四面（四人）。红黄蓝三色绸缎缝制成"回"字形。

五、三角龙凤旗四面（四人）。旗边镶齿裙，旗中绣着龙或凤，两面龙，两面凤，龙凤成对。

六、檀香炉五对（十人）。香炉用三条铜链条挂连，由十位少女用小木棒双手平挑，俗称挑檀香。炉中用樟木锯末（有时用柏树小木片）代替檀香焚烧，挥发香气。

七、大灯笼一对。俗称大高照，寓意吉祥如意，招来好运。大高照用木杆迎举，杆长1.5米，灯笼直径约60厘米。

八、香案桌一张（二人）。香案桌长方形，用竹竿前后扛抬。香案上摆有香炉、蜡烛台和鲜花。桌前有绣花桌披。

九、观音竹一副（二人）。这是胡库胡公会独有的仪仗道具。观音竹长 1.8 米，一剖为二，两人各拿半爿。视为吉祥长寿之物。

十、万岁牌一块（一人）。万岁牌高约 30 厘米，宽约 20 厘米，由一人捧在怀中，游案时，走在胡公神冕之前。万岁牌寓意胡公对朝廷的忠心。

十一、皇凉伞一顶（一人）。皇凉伞圆形，直径 80—100 厘米，高80 厘米，周边围有绣花绸缎装饰。杆长约 1.7 米。

十二、十八般兵器（十八人）。旧时多数用铜或锡雕制，现大多用铝皮或不锈钢皮制成。

十八保胡公仪仗

十八保胡公仪仗

[贰]罗汉班

罗汉班是迎案活动的主力,罗汉班的组成有约定俗成的规矩,每班少则四五十人,多则百余人。

基本队列是:头旗二十面(二十人),大刀四把(四人),响铃叉四把(四人),盾牌四副(四人),滚叉四把(四人),红缨枪十根(十人),刀铜四把(四人),彩棍廿根(二十人),其余为拳手和辅助人员若干人。

罗汉班人员的服饰:上身为古代兵勇套褂或白色中衫,下身着大红灯笼裤,腰缠红腰带,脚穿草鞋或布鞋(现今穿胶鞋),显得英武勇健。如今有的罗汉班改为全身金黄色绸缎,头裹红布,腰缠红绸,脚着白胶鞋。

1. 罗汉班主要道具

（1）头旗（俗称"蜈蚣旗"）。二十面以上，绣布长约 1.5 米，宽约 40 厘米，竹竿长约 1.8 米。

（2）大刀。四把。刀头铁片或铜片（现用不锈钢片），长 20—30 厘米，加木棒全长 1.5—1.8 米。

（3）响铃叉。四把。叉头铜或铁铸，方天戟形，木柄，叉长 20—25 厘米，中有铁环，可震响，柄长约 40 厘米。

（4）藤（盾）牌。四副。竹篾编织，圆形，直径 50 厘米左右，也有的藤牌为长方形，长 60 厘米，宽 40 厘米，大刀长约 80 厘米，用钢片

罗汉班人员服装

迎罗汉响铃叉

迎罗汉部分道具

迎罗汉盾牌

或竹片制成。

（5）滚叉。四把。叉头铜或铁，"山"字形，长25—30厘米，中有铁环，可以震响，杆长1.5米。尾部扎有红色绒布条。

（6）哨棒（红缨枪）。十根以上。铁尖或木尖，红须，木棍棒长约1.8米。

（7）双刀。二把。铁片或钢片，长约80厘米。

（8）双锏。二把。六角形，木质，彩纸包裹，长约50厘米。

（9）棍棒。二十支以上，每支长约1.8米。

2. 罗汉班表演的程式

罗汉班的表演场地一般为正方形或圆形，100平方米以上。锣鼓队置于场地一边。锣鼓敲响后，罗汉班队伍从锣鼓队的右侧入场。

（1）参阵

通过交叉穿插、搭"龙门"、破"龙门"、里外圈跳阵等阵式不断变化队形，布成圆阵、方阵、三角阵、绞花阵、八卦阵等阵势，变化莫测，令人眼花缭乱。

迎罗汉头旗

迎罗汉大刀

迎罗汉滚叉

参阵时队员排列顺序依次为：头旗（蜈蚣旗）、大刀、响铃叉、滚叉、藤（盾）牌、棍、棒、刀、枪、拳师、武师、拳手、技巧者、罗汉孙（也称"荷花芯"）。

入场的首先阵式是大圆阵（或称"蛟龙入海阵"），领头的头旗手边走边往围观人群靠，以驱散围观人群，扩大表演场地。接着，在锣鼓队前变换各种阵势。最后变换成大团圆阵。此时领头的头旗手高喊"呼"，全体队员将手中的头旗、刀棍等道具一齐向中心方向压下，参阵当即结束。接着，头旗手等站立在锣鼓队两旁，队员开始演武。

综合各地罗汉班的阵式，有长蛇阵、四方阵、十字阵、半月阵、八卦阵、连环阵、三角阵、龙门阵、蝴蝶阵、梅花阵、剪刀阵、盘龙阵、绞花阵、双龙出海阵、大团圆等十八种。

参阵

参阵

参阵

（2）演武

由罗汉班队员表演刀、叉、棍、棒、拳等十八般武艺。

一般顺序为：舞大刀（二人或四人），舞响铃叉（四人），舞滚叉（四人），舞棍棒（多人），舞藤（盾）牌（多人），各种拳术，舞凳花等。

罗汉班演武的主要形式有：

器械类：枪术、棍术、刀术、剑术、四尺凳花、滚叉、大刀花、关公大刀、响铃叉（又称"四门叉"）等。

对抗类：拆棍（分双拆、三拆、四拆、五马破曹、六拆、十六拆、

舞大刀

拆棍

十八拆等),拆拳(分双拆、滚地拆等),藤(盾)牌对双刀,藤(盾)牌对棍等,四尺凳对刀(分双刀、单刀),四尺凳对棍等。

拳术类:小黑虎拳、大洪拳、小洪拳、七步拳、罗汉拳、桥手、狗拳、猴拳、醉拳、金刚拳、长拳、少林拳、大红拳、小红拳、吊马、双飞蝴蝶拳、一青拳、五进拳、飞凤拳、八步、兜风、鲤鱼操江、三占、扫手等。

据调查,永康罗汉班拳术主要源于南少林派系。由于永康历代五金工匠走南闯北,不断引进,因此在永康罗汉班中,各路拳派都有流传,而主要是洪家拳、罗汉拳、黑虎拳、金刚拳。其中最普及的是小洪拳和小黑虎拳,俗称"罗汉拳",被作为罗汉班的当家拳。

(3) 杂技

主要有:叠罗汉、钻铁圈(分有火圈和无火圈)、钻篾圈(一至八个圈)、叠人桌、高空钻凳、倒走、倒立、撑股、溜桌、翻尖刀、滚灯、走大索、叠井栏等。

打拳

舞棍

整个罗汉班表演一般在竖牌坊（叠罗汉）中结束。

明清以来，永康各地有四五百支罗汉班，各地的罗汉班都有各自的特色。如芝英（三十一都芝英庄）罗汉班的三十六对兵器，用锡雕制，做工细致（可惜在"文化大革命"中遭毁，现今改用铝皮重制）；岘口村（三十一都）罗汉班的九连环龙门阵，古山罗汉班（廿七都）的《九串珠》，新楼山坞村罗汉班（四十四都）的"竖牌坊"（叠罗汉），柏岩柏西村（廿三都）罗汉班的拳术，方岩独松村罗汉班（三十五都）的拆棍和《三十六行》，象珠荷沅村罗汉班（十四都）的罗汉拳，堰头车马何村（三十二都）罗汉班的凳技，石柱姚塘（三十六半都）罗汉班的十六拆棍，唐先金畈罗汉班（十七都）的高跷等，都在全县享有盛名。

舟山镇山坞村罗汉班的"竖牌坊"

香亭：由十七人组成，下层四人，上层站立四人，均相对双手相互攀肩呈"井"字，顶端一人倒立。每一层的四角都挟一个罗汉孙（即七八岁小孩）。整座"香亭"慢慢旋转。

拜观音：一是六人组合。下层一人身负五人，即两旁各一罗汉孙，胸前抱一个罗汉孙，肩驮一个大人，大人又肩驮一个罗汉孙。二是前后各两人靠背而立，两人的肩上各站一人，手举大刀，四周有数人肩驮罗汉孙巡回跑动拜观音。

游城：城门由八人组成：下层四人，成双排相距1米相对而立。上层四人，站立下层人的肩上，同样相对而立，双手互攀，做城门状。二十人叠成四头马，每头马由五人组成。二人做马脚，一人做马身，一罗汉孙做马头，一罗汉孙骑在马上，四头马鱼贯巡回游城。

十八洞：由十八人组成，下层九人手拉手成圆圈，上层九人，站在下层九人的肩上，同时手拉手呈圆形。不时反复仰、扑，左右旋转。

荷花反叶：两"朵"。每朵"荷花"由十三人组成，下层五人，上层五人骑坐下层人肩上，手挽着手，上面五人仰翻呈花瓣。中心一人肩驮一人，再驮一罗汉孙当作花芯。

香亭

拜观音

十八洞

荷花反叶

过仙桥：由荷花反叶拆开后，紧接着仰面双手相互连接起来，变成"仙桥"，擎起手臂形如栏杆，数个罗汉孙走过"仙桥"。

过仙桥

叠牌坊：由二十二人组成，上下为四层，第一层七人（要身强力壮者），第二层七人，第三层三人，两旁有罗汉孙为插叶，第四层三个罗汉孙。

叠牌坊

罗汉班表演时，配有锣、鼓、钹等响器，有专门的锣鼓经，为罗汉班助阵，激越铿锵，气氛热烈。

庙会期间，上方岩的罗汉班众多，沿途经常遇到在某个场地同时演武，这就形成无形中的相互竞赛，俗称"拼会场"。这时，各个罗汉班的表演更为认真、投入，场面亦更为精彩、热烈，观众兴致更高，不时喝彩叫好。

[叁]民间舞队

歌舞队一般都跟随在罗汉班之后，行止服从罗汉班指挥。较大型的歌舞队也可以不随罗汉班而单独行动，单独表演。

各地歌舞队的表演形式，名目繁多，有的是本村传统的节目，有的是向别村学习到的节目，也有的是从外地引进改造的节目，内容和形式相互借鉴，经常翻新，从而促进了庙会的民间歌舞表演不断创新，不断丰富。据统计，其表演形式有三十余种。这些节目生活气息浓郁，地域特色鲜明，刚柔并济，花样百出，精彩纷呈。主要有：

1.《讨饭莲花》

《讨饭莲花》全部由男演员扮演，一般由十余人组成。演员身穿破烂衣衫，装扮成乞丐，手拿两片竹板相互敲击，边打边唱。走在队伍前面的"讨饭头"，头戴红缨帽，身穿黑色箭袍，左手拿长烟筒，右手拿黑折扇，面部化妆如戏曲中的丑角。跟随其后的为"讨饭帮"，人数成双，头戴稻草箍，腰系稻草绳，手握讨饭棒。队尾即有一对"讨饭

公"、"讨饭婆"，专事插科打诨，开一些粗俗的玩笑，与围观群众调笑逗乐。《讨饭莲花》可以边走边唱，也可以在广场圆场演唱，唱词由"讨饭头"即兴编成，俗称"油口歌"。如："众位朋友同年哥，勿要讲我油口歌，我的本事真不小，会唱山歌九槽笋，昨夜忘了盖笋盖，被老鼠背得差勿多。""讨饭头"领唱一句，"讨饭帮"跟帮一句腔，曲调粗犷单调，但内容生动风趣，引得观众欢声一片。

2.《敕字莲花》（也称《十字莲花》）

《敕字莲花》由年轻女性组成，白衣黑裤白球鞋，面部化淡妆，戴墨镜，穿着端庄整齐。队员一手拎瓷茶壶，一手持竹板或白瓷小碟（用细竹棒敲击瓷碟作击节乐器），呈二纵队，边走边唱。领头的三对各背大刀或宝剑，第四对各背"山东济南府历城县正堂"令牌一块，第五对两人分别背一面枷、一副铐，第六对各背褡裢（包袱）一个，上插竹棒，棒头挑灯笼一盏，上书"山东济南府正堂"。从第七对开始为一般演唱队员，人数可多可少，但必须成双。传说，《敕字莲花》源于古代山东济南府捕快，奉皇上敕令，来南方捉拿逃犯，因盘缠用尽，只得边卖唱边缉捕，渐成此演唱形式。

《敕字莲花》唱腔不像《讨饭莲花》那么粗犷，没有《讨饭莲花》那么粗俗的噱头，也不容许《讨饭莲花》那么随心所欲的胡编。它有固定的曲调和唱词，唱词从"一"字唱到"十"字，又从"十"字唱到"一"字，这也许就是又称为"十字莲花"的原因。从装束看，似乎是

奉命捉拿罪犯,但唱词内容则从单纯描述字形转向人情世态:

> 唱到十字倒十字,倒转十字听分明。
>
> 十字头上加一撇,千里迢迢来相逢。
>
> 九字肚里加一点,长寿丹丸万万年。
>
> 八字肚下一把刀,兄弟手足莫分家。
>
> 七字头上加白字,肥皂洗衣干干净。
>
> 六字脚下加把叉,交男交女莫交财。
>
> 五字脚下加个口,吾皇座位万万年。
>
> 四字脚下加个贝,街头买卖要公平。
>
> 三字肚里加一直,王莽篡位十八年。
>
> 二字肚里人出头,夫妻偕老过百年。
>
> 一字中间加了字,全家子孙大团圆。

3.《三十六行》

由三十六人组成,一般由男性扮演,也有的地方是男女合演。领头的是两个敲大锣的丑角,一个扮癞头,一个扮烂脚,鼻涂白粉,衣衫不整,腰系稻草绳,边打锣边做各种逗笑的怪相。其他人分别化装成士农工商、三教九流、五色工匠等不同职业者。他们手拿各行各业的典型工具,摆出各自的架势,借以说明"三十六行,行行出状元"的道理。其中最引人注目的是"洗大囝"的一组人物,接生婆手端"马桶"(接生用小浴盆)在前,临产孕妇及其丈夫在后,故作"阵痛"姿态,往往逗得观众捧腹大笑。《三十六行》中,还有嫖客和妓女的行当,嫖客由男性或女性扮演,而妓女都由男性扮成女装,因为女人扮妓女会被传为话柄。

4.《十八蝴蝶》

由二十位少女扮演,二人饰"花神",十八人饰"蝴蝶"。如今演出中为增加气氛,花神增为四人。"蝴蝶"道具用竹篾扎成骨架,缝以纱布或丝绸,上绘蝴蝶的各种花纹。"蝴蝶"演员身穿紧身衣裤,胸前系彩色横纹肚兜,"蝴蝶"道具固定在肩背上,让翅膀自由扇动。"花神"为戏曲花旦打扮,上穿红色对襟水袖衫,下着百褶长裙,手拽披肩长飘带。

《十八蝴蝶》表演时,以"花神"为中心,"蝴蝶"边变化队形,边表演大飞(蝶翅最大幅度张合,以脚尖碎步快进)、小飞(蝶翅小幅度张合,碎步向前)、高低飞(蝶翅半张,身体时屈时伸,碎步向前)及翻身、交叉等动作。

音乐采用现成的民间小调,如《孟姜女》、《姑娘相思》等,乐队多由四人组成(两人拉二胡,一人敲钹,一人打鼓),演员只舞不唱。20世纪80年代以来,《十八蝴蝶》经过多次整理加工,舞美精益求精,并配有专门的词曲,更为典雅清新。

5.《十八狐狸》

《十八狐狸》又叫《大面姑娘》(头戴面具),是方岩庙会中几乎不可或缺的最受欢迎的娱神节目之一。其历史最为悠久。据方岩广慈寺住持和尚介绍，传说《十八狐狸》肇始于方岩建庙（唐大中年间）初期，十八只狐狸系被佛祖降服在方岩山上的妖怪。另一种传说，唐末有个大官共有十八个孙子，后因获罪而门庭败落，十七个孙子相继夭亡，最小的孙子就在家里开设妓院，自任鸨公，迫使十七个嫂嫂和自己的妻子一起卖唱。

《十八狐狸》由二十名男性扮演。一人扮嫖客，戴瓜皮帽面具，穿长衫马褂，手拄长烟筒，在队伍之前。一人扮老鸨，戴羊角髻面具，着镶边红色大襟服，左手捧白铜水烟筒，右手拿麦秆扇，押在队伍之后。中间十八人戴姑娘面具，穿蓝色绲边大襟衣和黑色百褶裙，左手拿纺绸帕，右手拿折扇，即为"狐狸"（妓女）。

表演时，狐狸和老鸨走绞花步，腰部左右扭动，两手大幅度甩摆；嫖客走三角步，时而挥舞长烟筒，时而以烟筒拄地。在《望乡台》的打击乐伴奏下，逐渐形成各种阵势。嫖客游弋于狐狸中间，丑态百出地进行挑逗调情。狐狸有的斥责反抗，有的卖弄风骚献媚邀宠。老鸨则前蹲后颠，对嫖客巴结逢迎，对狐狸软哄硬压。演员只演不唱，核心是"团阵"。新中国成立后取消了老鸨和嫖客，狐狸也不再以妓女身份出现。所用乐队也相应地由原来的大小锣各一面、大小钹各一副、小扁鼓一个，发展为拥有唢呐、竹笛、板胡、京胡等各种乐器的综合乐队。

6.《十八鲤鱼》

由十八名女青年扮演的大道具舞蹈。演员身背可以自由开合(用双手控制)的红色鲤鱼壳。鲤鱼壳的骨架用竹篾扎制,糊上白纸后再绘上红色鱼鳞、鱼鳃、鱼眼等。合拢时演员的臀部以上刚好均藏在"鱼腹"中。表演时用打击乐(大小锣、大小钹、小鼓等)伴奏,每一节拍鲤鱼壳开合一次。合拢时两腿下蹲,张开时直立前进,穿插各种队形变化,最后围成一圈。乐队改以二胡、笛子、唢呐等伴奏,边唱边舞(类同于《十八蚌壳》)。

7.《九曲珠》(也称《九串珠》)

《九曲珠》据说从昆曲《九曲珠》衍变而来。唐僧取经路过通天

《十八狐狸》

河,被鲤鱼精捉拿,孙悟空求助观音大士,终于降服了鲤鱼精,收回了"九曲珠"。

《九曲珠》的道具为竹篾和纸(或绸纱)糊制的大鲤鱼及大蚌壳,演员由俊俏的少女扮演,一律着白色衣裤,胸前围以大红或粉红肚兜。其中四人扮演鲤鱼精,身背鲤鱼壳;四人扮演蚌壳精,身背大蚌壳;再由一人扮演车夫,车子(用木架、纸或布制作)里还有一人扮演鲤鱼精或蚌壳精,全队共十人。演出时,在乐队的伴奏下盘梅花阵,同时表演蚌壳唶泥、蚌壳露容、蚌壳起舞、鲤鱼打挺、鱼蚌相戏等舞蹈动作,活泼优美,节奏欢快。舞蹈时,演员们唱民间小调《四季歌》等。

8.《十八蚌壳》

道具是用竹篾和绸纱制成的蚌壳,长1.5米,宽0.5米,人在道具中自由张合。由十八名少女扮演"蚌壳",一名男性背着乌龟造型的道具,扮演"千年寿龟"。表演时,"蚌壳"中的女演员边走边张合蚌壳道具,走成各种队形,"千年寿龟"即穿梭于蚌壳之间。少女扮相艳美,扮演"寿龟"的男演员表演诙谐风趣,令人捧腹大笑。乐队多用小鼓小锣和丝竹,以民间小调或婺剧曲牌伴奏。

9.《哑口背疯》

由女青年扮演疯瘫女,胸前系着装扮成哑巴老汉的木偶(假人),腰后围着女子的假臀和两只假脚(传统都制作成三寸小脚)。青年女子的下身着蓝裤,脚穿白布袜和草鞋,乍看酷似一位老汉背着一位风瘫少女。此节目一般由八至十位青年女子扮演。表演时,演员一步一弯身,走成各种阵式,并边走边唱类似《四季歌》等民间小调,丝竹乐器伴奏。意指苦命的风瘫女不能行走,家中父母亡故,只留下一位哑巴爷爷,两人相依为命,到处流浪,乞讨为生。

10.《调花钹》

原为方岩广慈寺和尚外出化缘时表演,相传创自明代。花钹为两个直径30厘米的铜钹,中心穿过长2米的辫绳,来调控花钹的方向和花样。表演时随着《花钹调》、《四大名山》等节奏明快、铿锵有力的锣鼓伴奏,表演者身着僧衣,脚扎绑腿,双手各执一钹,通过抛、掷、甩、抽等动作,控制钹的飞旋,分别表演出"派四门"、"青龙绕柱"、"苏秦背剑"、"和尚劈柴"、"美女照镜"等招式。整个表演刚劲有力,花钹收放自如,高超精巧,出神入化,使人眼花缭乱,叹为观止。

11.《九狮图》

《九狮图》又称《拉线狮子》或《颠狮子》。它由狮笼(木制狮架)、长杆、九只大小"狮子"和一个彩球组成。"狮子"和彩球连有三十八根纤绳,由站在狮笼后的十一名纤手操纵。表演时,"狮子"冲出狮笼,在空中前后左右扑腾跳跃,激情奔放。"狮子"的耳、眼、口、爪皆能灵活地张合、转动,栩栩如生。有九只"狮子"的称《九狮

调花钹

图》，为最高水平。也有的表演队用三只"狮子"或五只"狮子"，即为"三狮图"或"五狮图"。在激越的锣鼓声中，"狮王"首先冲出，再引出笼中的四只"小狮"，接着又蹿出笼顶上方的两只"守门狮"。最精彩的是狮笼上方长杆上的彩球突然打开，缓缓蹿出两只"幼狮"，爬近"狮王"，亲热相依，整个场面欢快热烈。

12.《舞狮》

舞狮俗称"滚地狮子"，两人一组，身披狮衣，合演一只"狮子"，前边人利用双手控制狮嘴的张合并舞动狮头，后边人弓背呈狮臀，依随其后。一队舞狮一般至少有两只狮子。在热烈欢快的锣鼓声中，在舞狮球者的引导下，两只"狮子"时而腾跃扑捉，时而俯地打滚，时而

《九狮图》

双狮抢球，时而耳鬓厮磨，亲密依顺，憨态可掬，活泼欢快。整个演出过程在锣鼓的伴奏下，跌宕起伏，精彩纷呈，营造喜庆气氛。

13.《大面姑娘》

《大面姑娘》也称《大头娃娃》，由十至二十人（一般为男人）扮演。其中一人头戴男性面具，其余即头戴女性面具，身穿大花衣裳，黑色裙子，边走边扭动腰身，摆动臀部，流露挑逗动作。走在最前面的男性面具者，扮演诸如嫖客之类的角色，时不时要回头来调戏后面的大面姑娘，跟在其后的头戴老妇面具者予以阻拦，阻止男性的意欲不轨。整个演出过程诙谐有趣，令人捧腹，嬉笑打骂声中增添欢乐氛围。

14.《荷花芯》（荷花神）

荷花芯由三至七岁孩童扮演，新中国成立前只限男童扮演，现在女童也同样扮演。多扮演戏曲人物，如手提大刀的红脸关公，枪挑葫芦的林冲，黑脸的张飞，穿白袍子的赵子龙，背插双剑的白蛇、青蛇，英姿飒爽的穆桂英、樊梨花等，内容广泛，题材多样。孩童骑坐在家长（一般为父亲或叔父）肩头上，跟随罗汉班队伍走阵、巡游。

15.《一百零八将》

由一百零八个四至七岁的孩童打扮成《水浒传》中一百零八位人物，由家长（一般为父亲或叔父）肩驮，跟随罗汉班参阵、游走。类似《荷花芯》的形式。

16.《台阁》

台阁一般为木制的方台,台中装扮成戏曲场景,由五至八岁的男女儿童扮演戏曲人物。有平台和高台两种。平台为《东吴招亲》、《楼台会》、《三司会审》等。高台为《穆桂英挂帅》、《孙悟空借扇》等。台阁一般由四人肩抬游走。

17.《铜钱棍》

由八至十二名青年女子表演。其道具为长约1米的小竹竿,中间镂空三至四节,每节用铁丝串上两枚铜钱,用手、腿、肩拍打,发出清脆的声响。从前,铜钱棍是盲女上门乞讨的谋生工具,后来演变成方岩庙会的文艺表演形式。表演时演员边走、边舞、边唱,曲调大都为民间小调,新中国成立后大多配以《南泥湾》曲调。

18.《长脚鹿》(踩高跷)

相传北宋年间,杨家将遭奸臣陷害,兵困西北边关,时值隆冬,大雪没漆,杨五郎乃以木制成高跷,夜间踏雪冲出重围,搬来援兵,终于赢得了伐辽的胜利。《长脚鹿》就是为了纪念杨家将智勇双全、忠心报国的精神而创。表演者脚绑约80厘米长的木棍高跷,打扮成杨家将中的人物,由先锋杨五郎打头,元帅杨六郎手握令旗紧随其后,接下来依次有佘太君、杨四郎、杨七郎、杨宗保、孟良、焦赞、赵天佑、赵天吉、穆桂英、杨八姐、杨九妹、柴郡主和士兵们(多少不拘,一般为四至十人)。表演内容,一是"串阵"(走圆场),转"二龙

《长脚鹿》

吐水"，再转"交叉过门"；二是由孟良、焦赞和兵勇演武，如舞大刀等；三是杨五郎表演踢腿、翻身、劈叉等踩高跷动作。锣鼓钹等打击乐器伴奏。

永康各地迎案大多都有《长脚鹿》，其中又以原前仓乡朝川村最为有名。据该村年过古稀的农民章太禄回忆，该村的《长脚鹿》已有数百年历史，扮演者都有一手踩高跷的绝技，不少人能绑着高跷从方岩山脚登上方岩山顶。另外，唐先镇金畈村的《长脚鹿》也甚有名气，至今仍保存着道具，常上方岩表演。

19.《鲤鱼戏龟》

鲤鱼和乌龟道具用竹篾和绸纱制成。四人扮演鲤鱼，四人扮演蚌壳，四人扮演乌龟。表演时边走边舞，相互戏耍，诙谐风趣。

《鲤鱼戏龟》

20.《旋车》

车身用木头制作,中间有竖式车架,架上装约有 2 米高的圆轮,圆轮中坐着四名六至八岁的小孩,装扮成古代戏曲人物,圆轮能灵活旋转,旋车由四名男青年抬扛游走。表演时一般有二至四辆旋车,配以民间小调。

21.《走马灯》

由八至十二位青年女子扮演,道具为竹篾和绸纱(或纸)扎制的彩色的马头和马尾,缚在表演者的身前身后。演员边走边舞,表演各式阵式和骑马动作。丝竹乐队伴奏。此节目传说从宁波一带的马灯舞引进改造而来。

22.《彩船》

由一名女青年身背用竹篾或绸纱糊制的彩船,人置身在彩船中,旁边伴随一位老船夫，头戴草帽，手拿划桨，做划船状，组成彩船组合。一般由四对或六对组成彩船队。

23.《彩车》

用杉木或竹片制成方形车架，包以绸纱或彩纸，两边各挂一个用竹篾、彩纸糊制的车轮。车后有车把，犹如一辆推车。每辆彩车中各有一名少女站在车中肩背彩车，车后各有一名男青年做推车状。一队彩车一般为六至八辆，表演时缓慢走成各种队形。乐器有锣鼓、唢呐、笛子、二胡等。

24.《布龙》

布龙用黄色布料制成，一般长 10 至 20 米，每 1.5 米间距装置一根约 1 米长的木杆，由五六名至十余名男（或女）青年各执木杆举舞。

《布龙》

迎布龙以锣鼓助阵,通过团龙、盘龙、跳龙、双龙戏珠等形式营造热烈欢快的喜庆气氛,体现龙的国度威武庄严的民族精神和百姓渴望风调雨顺、五谷丰登的美好愿望。

25.《纸龙》

纸龙用竹圈和彩纸制作。竹圈直径约40厘米,竹圈糊上彩纸后,竹圈与竹圈平行排列,相互间距约10厘米,用细绳连接。每隔1.5米装置一根约1米长的木杆,由五六名至十余名男(或女)青年迎举。表演与《布龙》相同。

26.《手狮》

一队"狮子",八只母狮,一只公狮。母狮的毛发以深绿色为主,肚下为红色,公狮全身金黄色。由九人各持手狮共同表演团阵、排阵

《手狮》

等阵式。此节目于清代由永祥乡拱树下村民间艺人舒宝璋首创。

每只"狮子"长约 1.7 米,有狮头和狮尾,用竹篾编制,然后用彩纸或布纱裱缝。狮身用两根 30 厘米的木棒支撑,一根撑在狮的前腹部位,一根撑在狮尾。表演者(一般为男青年)手持两根木棒操纵,使其灵巧舞动,活泼跳跃。在"狮子"的前脚、下颌及球珠上装有四根细绳,可使球珠突然从"狮子"口中冲出,令观众惊叹不已。

此节目近年得到改进提升。"狮子"体积缩小,身长 80 厘米,并改用羊皮,染淡黄色,全身更为精巧灵活,显得更加丰满可爱,舞蹈队形也更加丰富多彩。

27.《推车》

推车道具用竹篾和绸纱(或彩纸)糊制,方形,高约 45 厘米,两边各有一个用竹篾和绸纱(或彩纸)糊制的车轮。车中站立一女青年肩负车身。推车和彩车相似,所不同的是推车车前设有两条假腿,乍看如演员坐车中。车后两边同样装有车柄,车后同样跟随一名车手,由男青年扮演。一队推车一般四至八辆。

28.《迎纸花》

纸花用彩纸制作,为方岩独特的手工艺品。将各种色彩艳丽的纸花缚插在小竹竿上,由十多位少男少女各举装饰纸花的竹竿上方岩朝拜胡公。纸花鲜艳夺目,令人眼花缭乱。

纸花

29.《自拉自唱》

自拉自唱,顾名思义由一人单独演唱。道具是一个长方形木架,长约 40 厘米,宽约 25 厘米,高约 60 厘米。架上摆放锣鼓钹等乐器。演唱者坐在木架后面,利用双足敲击鼓点、锣钹和鼓板,并利用口手吹拉弹唱。演唱曲目主要是婺剧《闹花台》等。

30.《小唱班》

小唱班其实是演奏队,只奏不唱,由七至十人组成。有锣鼓钹、唢呐、二胡、笛子等乐器。小唱班一般都跟随罗汉班之后,也有的是单独行动。他们在上方岩朝拜胡公时演奏,并在回程时沿途演奏。演

溪心小唱班

奏曲目主要有婺剧《闹花台》等。

31.《十八罗汉》

十八个男青年头戴罗汉面具，身着黄色衣衫，组成各种队形，参阵游走。

32.《老鼠招亲》

由十余名女性扮演。她们头戴老鼠面具，身着戏装，举着"老鼠招亲"大旗，抬着花轿。"新娘"置于轿中（自走），轿边"媒婆"做伴，轿后跟着"新郎"及迎亲队伍，一路巡游。"媒婆"边走边做各种诙谐姿态，逗人发笑。锣鼓钹和丝竹伴奏。

其他还有《十八和尚》（戴和尚面具，类似大头娃娃）、《鲤鱼跃龙门》、《采茶班》(表演小型婺剧戏曲)、《转盆》(类似杂技《转碟》)等。

　　20世纪90年代方岩庙会复苏以来,传统节目逐渐减少,而现代歌舞节目逐渐增多。近年参加方岩庙会活动的现代歌舞节目有:洋鼓、铜管乐、腰鼓、太平鼓、秧歌、灯笼舞、斗笠舞、红绸舞、手鼓舞、伞舞、扇子舞、木兰扇舞、太极剑、花篮舞、采茶舞、太风扇、街舞、韵律操、健身操、健身球、柔力球等。传统节目与现代节目相互依存,体现方岩庙会的创新与发展,深受民众的欢迎。

快板表演

洋鼓表演

锣鼓队

四、方岩庙会的特色和价值

方岩庙会历史悠久，规模盛大，影响深远，为我国江南一带最著名的庙会之一，具有鲜明的地域特色。它的活动内容和形式保留着很多古代原始痕迹，它是历史的见证，具有珍贵的研究价值。

四、方岩庙会的特色和价值

[壹]方岩庙会的特色

1. 庙会历史久

　　方岩庙会初始于宋徽宗宣和年间（1119—1125）。当时宋徽宗封胡则为"佑顺侯"，南宋绍兴末年（1162），宋高宗赵构赐胡公庙额"赫灵"，继后宋孝宗、宋理宗又给胡则不断加封，胡则由臣而侯，由侯而公，成为威灵显赫的地方神。据《永康库川胡氏宗谱》记载，明太祖

方岩胡公塑像

迎胡公上方岩

朱元璋也曾敕封胡则为"显应正惠忠佑福德齐天大帝"。随着宋朝四代皇帝对胡则的不断加封和明朝开国皇帝朱元璋的敕封，民众称胡则为"胡公大帝"，对胡公的朝拜活动不断升级，从而形成了长盛不衰的方岩庙会，至今已有千年的历史。

2. 庙会规模大

方岩庙会是永康城乡乃至邻近各县民众的传统盛大节日，永康城乡普遍设有胡公会，组织罗汉班，上方岩朝拜胡公，祈求"胡公保佑"，民众参与意识强烈，具有极大的号召力。永康全县有七十二个胡公会，下属有四五百支罗汉班和歌舞队。

庙会期间，邻近各县乃至邻省的香客和观光客也纷至沓来，朝

方岩庙会盛况

拜胡公和观看庙会。因此，每年庙会期间上方岩赶庙会的人数十分可观，每天少则七八千，多则两三万，最高潮的农历八月十三，有一百多支罗汉班（包括歌舞队）来方岩朝拜胡公，参加方岩庙会。据估计，每年参与方岩庙会的人数达二十五万人次。参与人数之多，规模之大，在我国江南各地的庙会中，甚是少见。

3. 会期时间长

方岩庙会每年从农历八月初一开始至九月，历时近两个月。县西六都的马宅、溪边汪等村的罗汉班，在农历十月十六才去方岩朝拜胡公，可谓是方岩庙会的"关门案"。庙会会期之所以如此拉长，主要是由于庙会规模的盛大与方岩山上狭小的地形空间不相协调所致。自明清至20世纪40年代，架于峭壁之上的"飞桥"，为木结构栈

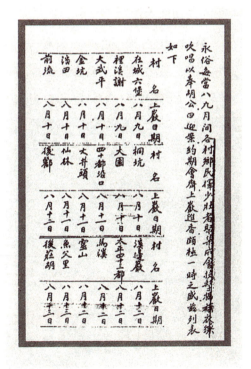

《民国永康县志》关于"迎案"的记载

道，既狭窄又欠牢固，时有事故发生。直至 1962 年人民政府重修"飞桥"，改用钢筋混凝土结构，路面加宽一倍，才确保了安全。因此，从清代以来，为了避免庙会的拥挤，民间对各地上方岩朝拜胡公的日期进行排序，并约定俗成固定下来。庙会中间掀起两个高潮：农历八月十三和九月重阳。庙会会期持续如此之长，在我国诸多庙会中也较为罕见。

4. 活动地点广

　　各地参加方岩庙会的罗汉班和表演队，在去方岩朝拜胡公前，都要举行巡游活动，即在胡公会成员的各村和附近村庄巡游（俗称"游案"）。在去方岩朝拜胡公时，除在方岩山顶朝拜和表演外，还要在

方岩山下歌舞表演

《十八蝴蝶》在农村表演

柏岩打罗汉

方岩山下的岩下街村、橙麓村和回程的沿途村庄进行表演，为广大民众送上丰富多彩的民间歌舞。真是：山上山下，城里乡下，处处歌舞，遍地开花。其活动地域覆盖永康全境的大部分地区。其活动地点之广，在各地的庙会中，可谓绝无仅有。

5. 表演形式多

方岩庙会的民间文艺表演，内容丰富，形式多样，除主要形式罗汉班外，有《讨饭莲花》、《敕字莲花》、《三十六行》、《十八狐狸》、《十八蝴蝶》、《哑口背疯》等三十余种民间文艺表演进行一年一度的大会演、大交流。永康人出外的手艺人（即以五金为主的民间工匠）特别多，他们走南闯北，见多识广，往往会学习外地的民间文艺形式，

天桥迎双龙

进行引进改造，为方岩庙会所用。因此，在历史长河中，方岩庙会的内容不断丰富，形式不断创新，水平不断提高。

6. 庙会影响远

方岩庙会参与者不仅是永康本地民众，而且还有附近各县和毗邻各省的香客或观光客。根据民国 14 年（1925）出版的《方岩指南》等资料记载，方岩庙会覆盖金华八县及衢、绍、台、温、处等地区约19000 平方公里的广阔地域，并影响至苏、沪、皖、赣、闽、粤等省市。由于对"胡公大帝"的广泛信仰，永康和金华各县的民众都有"十岁上方岩"之习俗。东阳籍全国人大常委会原副委员长严济慈先生，1992年重游方岩时曾回忆说，他十岁时上过方岩。

[贰]方岩庙会的价值

1. 历史性——历史悠久、底蕴深厚

方岩庙会的原动力是对宋代名臣胡则的纪念和信奉。胡则所处的时代是北宋王朝从兴盛到中落的时期，内外矛盾日益加剧，究其原因主要是农民税赋过重。胡则顺应民心，主张改革弊政，宽赋除苛，安抚黎民，安定民心。特别是为民请命，向朝廷奏免衢婺两州的身丁钱，给两州百姓带来实实在在的恩泽，因此，他在黎民百姓中享有至高威望，留下了不可磨灭的崇高形象。人们对胡公的顶礼膜拜和崇高敬仰，根深蒂固，家喻户晓，对永康的民风民俗产生了深远的影响。它反映了广大民众期盼社会清明，为官清正，百姓安居乐业的

美好心愿。

毛泽东主席 1959 年 8 月 21 日于庐山会议结束后路过金华,在火车专列上接见金华部分县委书记时,与当时的永康县委书记马蕴生有一段精彩对话:

毛泽东问:"你们永康什么最出名?"

马蕴生以为是物产,因而答道:"五指岩生姜很出名!"

毛泽东摇摇头说:"你们那里不是有块方岩山吗?方岩山上有个胡公大帝,香火长盛不衰,最出名!"

毛泽东接着说:"其实胡公不是佛,不是神,而是人!他是北宋的一名好官,他为人们办了很多好事、实事,人们纪念他罢了。"最后,毛泽东语重心长地说:"为官一任,造福一方,很重要呀!"

正如毛泽东所说,胡则为人民做了好事,因此,永康一带百姓视胡则为惠泽一方、清正廉明的清官,关心百姓、为民造福的神灵,视胡公为消灾纳福、保佑安康的保护神。于是,自宋代以来自发兴起方岩庙会,祭祀胡公,朝拜胡公,为的是纪念胡公,从而使迎神、娱神、祭神、祷神的庙会活动,愈演愈盛,历经千年,长盛不衰。

方岩庙会的核心思想是人们对胡则的纪念和崇敬。因为他生前为百姓做了很多好事,百姓崇拜他,祭祀他。而且人们相信,既然他生前能为百姓着想,那么他死后也一样能为百姓护佑,于是把他奉为神明。因此,用庙会的方式膜拜他,纪念他。这不是迷信,而是一种信仰。这种信仰，其实就是一种"感恩"情怀的生动表现。"感恩"是人们最朴素的道德理念，最起码的道德基准。现在，我们教育人们要对父母感恩，对社会感恩，对祖国感恩，这和对胡公的感恩基本性质是相同的。在感恩的同时，人们也把胡公作为做人的典范，追随先贤，报效社会。这实际就是一种道德教化，一种行为规范。这对今天倡导精神文明、

迎胡公上方岩

建设和谐社会，都有其现实教育意义。

方岩庙会由于历史悠久，它的祭祀和朝拜的内容及形式，保留着很多古代的原始痕迹，它是历史的见证，是古代民间文化的活化石，具有珍贵的研究价值。

2. 地域性——地域文化、特色鲜明

方岩庙会之所以能历经千年，长盛不衰，有其独特的地域根源，它是特定的地域环境和特定的生存空间所形成的地域文化。永康是历史悠久的五金之乡，永康五金工匠在艰难环境中的长期历练，造就出了吃苦耐劳、勇于拼搏、刚强豪放的独特性格。这种品质和性格在

迎胡公

方岩庙会的活动中得到充分的展现。永康各地上方岩朝拜胡公，来回少则四五十华里，多则八九十华里，赶赴庙会的百姓，凌晨鸡啼起床，脚穿草鞋，身带粽子、单麦饼、糕干麦饼、米胖（炒米）、荷叶饭（用荷叶包裹的冷饭）等干粮，沿途休息时，讨碗冷水，就可充饥。他们就是这样，以苦为甜，乐此不疲。永康普遍有"十岁上方岩"的习俗，对十虚岁的少年来说，要跟随罗汉班徒步走这么多路，并非易事，但是家长都鼓励孩子积极参与，借以从小培养吃苦耐劳的优良品质。

永康民间的胡公会，自发组织，自我管理。各个胡公会都有各自的规约。轮流驻坐胡公神龛的胡公会，神龛每年按时交接，隆重迎送，

《三十六行》表演

从不怠慢，历代传承。有的大村庄，历代以来不是胡公会成员，就永远不能驻坐胡公神龛，其罗汉班只能作为助案村，跟随胡公神龛去方岩朝拜。而有的小自然村，如今人数不多，但历史上它是胡公会成员，就仍然可以驻坐奉祀胡公神龛。唐先镇金畈村是一个不大的村庄，农户仅百户，人口约四百人，然而历代以来，胡公神龛一直驻坐在该村，其胡公会一直统领唐先、中山、大后一带的近四十个村的罗汉班。每年这些罗汉班都要来金畈村向胡公神龛祭叉会聚，然后于九月初九跟随该村的胡公神龛一起去方岩参加庙会，朝拜胡公。至今仍习俗不改，循规蹈矩，从无争议。各地胡公会之间，也互不干扰，各守俗规，保证了方岩庙会的历代传承和发展。这种独特的民间信仰习俗和民间管理模式，对于社会学和民俗学的研究具有重要的价值。

3. 文艺性——民间文艺，展演平台

方岩庙会是永康城乡百姓的盛大节日，也是永康民间体育和民间文艺展演的大平台，通过这个大平台，年复一年地集中展示永康最具特色的文体活动。这个大平台，实际上是永康民间文体活动大交流、大比武的舞台。往往是，今年某村创出了新节目在庙会上亮相，其他村就会偷偷学习，并加以改进创新，在明年方岩庙会上展露风采；继而又有人偷偷学习仿效，改进提高，又在后年的庙会上一展新姿。在这里没有版权，没有专利，只有相互学习，相互仿效，取长补短，共同提高。因此，方岩庙会这个大舞台，可谓不是比赛的比赛，不是比拼的比拼，促进了永康民间文艺的不断发展丰富，不断推陈出新。

永康人执着坚毅，聪明智慧，他们在历史长河中，通过方岩庙会这个平台，创造出了众多源自生活、丰富多彩的文艺形式。如：豪爽粗犷的《讨饭莲花》、《敕字莲花》、《长脚鹿》，阳刚激奋的《罗汉阵》、《布龙舞》、《纸龙舞》，风趣幽默的《三十六行》、《十八狐狸》、《鲤鱼戏龟》，灵动精巧的《九狮图》、《旋车》、《彩车》，细腻柔美的《十八蝴蝶》、《哑口背疯》、《荷花芯》等。

永康工匠出门在外，走南闯北，见多识广，他们善于学习外地的

文艺精粹，加以改造创新，为我所用，成了方岩庙会新的文艺表演形式。如把外地的高跷形式改进为表演"水浒"、"三国"、"西游"中的人物，改名为"长脚鹿"。又如将北方《跑旱船》中的肩背纸船，改进为肩背方形小车、两边装饰车轮的《彩车》，车前安装假腿，乍看表演者如坐车中，惟妙惟肖，深受观众赞赏。

这些都是永康人的创造和革新，是永康人聪明才智的结晶，是独特的农民草根文化，是永康民间的文化瑰宝。

正是通过方岩庙会这个民间文艺大平台的长期相互交流，相互学习，永康的民间文艺不断推陈出新，精益求精，从而孕育出了众多民间文艺精品。因而，方岩庙会可谓是催生民间文艺精品的摇篮。享誉全国、走出国门的《十八蝴蝶》、《九狮图》就来自方岩庙会。

《十八蝴蝶》于1992年经加工改造后赴沈阳、天津，参加国际秧歌节暨全国优秀民间舞蹈大赛和国际友好城市艺术节，先后荣获国家级民间艺术大赛的大奖。继后，《十八蝴蝶》先后被邀请参加文化部举办的泉州、上海、昆明等地的民间文化艺术节，屡屡获奖，广受赞赏。1997年，《十八蝴蝶》代表中国文化部赴法国参加"第二十五届桑特国际艺术节"，获得殊荣，为祖国争得荣誉。

《九狮图》于1999年晋京参加北京国际旅游文化节演出，轰动京华。继后受邀赴大连、上海、杭州等地演出。每到一地，大受欢迎。2000年，赴法国芒东市参加"迎接新世纪中国民间艺术节"。2002

年，赴新西兰奥克兰参加"中国新春元宵灯会"，新西兰总督卡特莱特亲临观赏并热情赞扬，她说："看了'九狮图'的表演，更让我体会到中国民间艺术的博大精深。"

《哑口背疯》经加工提高，于 20 世纪 50 年代由浙江婺剧团改名为《雪里梅》参加华东戏曲会演，荣获表演奖。《敕字莲花》和《彩车》经永康文化馆加工改进，1978 年参加浙江省群众文艺节目会演，受到好评。

4. 娱乐性——自娱自乐，强身健体

世代以来，永康民众参加方岩庙会的精神寄托固然是祈求胡公保佑，消灾纳福，平安吉祥，然而另一方面的目的却是为了活跃民众的文化生活。因此，方岩庙会与其说是为了娱神，不如说是为了娱人，反映人民群众对精神文化生活的渴求。

方岩庙会期间，在浙中一带，正是农闲季节。炎热繁忙的夏收夏种过后，天气转凉，秋高气爽，人们趁此时机，借方岩庙会朝拜胡公，娱乐一番。放飞心情，舒解劳顿，感受乐趣，这对从前生活在闭塞、困苦、枯燥环境中的永康百姓来说，可谓是难得的文化大餐。因此，民众都踊跃参与，乐此不疲。

永康全县有七十二个胡公会，有四五百支罗汉班。各地的罗汉班一般都是农历七月初开始筹备，投入训练。廿三都柏西村罗汉班特别认真，八月十三上方岩朝拜后，八月十四就吃拢头酒，并且紧接着训

练三个月，待次年的七月初一再接着训练，直至八月十三参加方岩庙会。罗汉班和歌舞班的排练都是安排在晚上，地点是村里的祠堂或晒谷场。从前没有电灯，一般用松脂（松树渗出的液体，永康俗称"松明"）照明，民国时期条件较好的村改用汽灯照明训练。

各地的罗汉班和歌舞队表演，青壮年和青少年都踊跃参与，招之即来，认真习武，自觉排练，小病小伤也不缺席，共同为本村团队荣誉争光。因此，通过参加方岩庙会活动，既自娱自乐，感受乐趣，又习武健身，锻炼意志，增强集体意识，培养团队精神。

据方岩老年人回忆，抗日战争时期的 1940 年，当时浙江省政府搬迁至方岩办公，省主席黄绍竑为激发民众的抗日热情，大力鼓励罗汉班习武健身，抗击日寇，趁方岩庙会之期，举办罗汉班习武比赛，并亲自在方岩山下主持发奖，曾有多支罗汉班荣获"武术第一"的奖牌。

5. 观赏性——庙会文化，促进旅游

方岩，被誉为浙中第一名山，它宛如璀璨的明珠，镶嵌在永康县境内。多姿多彩的方岩庙会与方岩的自然景观相辅相成，相得益彰，更为方岩引来八方香客和游客，带来可观的旅游收入。

每年的方岩庙会除永康本地的城乡参与者外，来自本省杭、甬、绍、处、温、台的香客和游客络绎不绝，还有苏、沪、赣、闽、粤的游客亦纷纷慕名而来，每年约二十五万人次。因此在庙会期间，方岩的旅

游业特别兴旺发达, 方岩山上山下香客和游客摩肩接踵, 热闹非凡, 方岩成了不夜天。据调查, 民国时期方岩山下的大小旅社达四十余家。方岩的著名旅社程振兴, 19 世纪 60 年代创业, 1880 年建造了一幢十六间的两层楼四合院, 1900 年又造起了一幢同规模的两层楼四合院, 1924 年又建一座己祠, 计二十间, 接着又建楼房十二间, 平屋四间。1940 年, 又建三层西式楼房七间, 计二十七个房间。一个程振兴旅社就有三百五十多个床位, 可容纳七百多人住宿; 但在庙会时仍不够使用, 有时不得不在老屋的大厅内设临时铺位。方岩庙会游客之多由此可见一斑。

据传, 蒋介石的原配夫人毛福梅曾来方岩进香。传说 1936 年 12 月 12 日"西安事变"发生的前夜, 毛氏做了一个噩梦, 梦见其夫蒋介石被拿枪的士兵紧追, 向山上逃奔, 突然, 一颗子弹朝蒋的背脊射去。此时, 一位红面长髯神仙伸手一挥, 子弹当即落地。后来得知, 蒋介石果然平安无恙。毛氏认定这位神仙就是方岩胡公大帝。于是在 1937 年的方岩庙会期间, 蒋夫人率眷来方岩还愿, 为胡公赠送龙袍和佛帐。

方岩庙会的悠久历史, 积淀了丰富多彩的庙会文化。

其一是, 各地罗汉班(包括歌舞队)的朝拜礼仪和文艺表演。朝拜礼仪保留着宋代以来的传统祭祀程式, 让旅客犹如穿过时间的隧道, 重新领略古老的原生态的朝拜氛围。罗汉班和歌舞队的表演既有阳刚之气, 又有阴柔之美, 刚柔并济, 相辅相成, 令人眼花缭乱, 充分感受传统民间草根文艺的魅力。

其二是，方岩签诗。凡来方岩的人们几乎没有不到胡公祠前求签诗的。据考，方岩签诗大约始于明末。方岩签诗共一百签，每签一首诗，为七言绝句的形式，每签都有"诗"和"解"两部分内容。"解"仿效佛经偈语，四言四句。内容以演绎典故为主，暗寓吉凶之兆、劝导之意。无论"诗"和"解"都写得晦涩朦胧，迷离恍惚，模棱两可，莫衷一是，令人难以捉摸，如坠云雾之中，因而具有一定的迷惑力。这可谓是方岩签诗"特别灵验"的奥妙所在。传说，有位温州潘先生，少时家贫，度日维艰，他来到方岩，求得一签。签诗曰："何愁非意欲相干，须向东风为转颜。自在中秋天上月，只宜山上更加山。"和尚告诉他，"山上加山"是"出"。潘先生按签诗的指点，在该年中秋之际，东渡日本，果然事业有成，发财致富，成为知名的实业家，被选为日本浙江同乡会会长。20世纪80年代，特来方岩向胡公还愿，捐资修建祠宇。

《方岩签诗解说》书影

方岩签诗

其三是，方岩的旅游工艺品。庙会的

参与者和观光客都
喜欢买些方岩的旅
游工艺品(俗称"方
岩货")捎带回家,分
送亲友或邻居小孩,
分享欢乐。这些工艺
品有各色纸花,有竹
木制成的小型刀剑,
有泥捏或竹木制作
的哨子(俗称"哒哒
嘀"),有纸皮老虎,
有薄铁皮制作的双
鸡相啄,还有佛珠神
像等,品类繁多。民
国时期,方岩附近的

方岩玩具

很多农家专门制作这些小工艺品,然后批发给山上或山下的店铺。这
些工艺品设计奇妙,造型灵巧,价格低廉,人见人爱,深受青睐,特别
是深受少年儿童的喜爱,游客争相购买,成了方岩重要的文化产业。
方岩山下农家,几乎家家户户经商,通过制作和销售这些工艺品获取
不菲的利润。据岩下街程成雨伞店店长程振峰回忆,1946年农历八月

十三和九月重阳这两天,售出小雨伞达两千多把。因此,永康俗语云:"食胡公,用胡公,丢落胡公庭堂空。"胡公非但保佑他们平安,还保佑他们发财呢。

其四是,生动传神的方岩胡公民间传说。胡公的传说,不胜枚举,俯拾皆是。仅举一则。传说东阳人为节省人力物力,喜欢迎"鸡娘案",就是一个人迎一面旗,敲一面锣,拎一只鸡娘(母鸡),上方岩杀鸡祭拜胡公,然后带回家煮吃,保佑全家平安吉庆。有一年,李宅有一户人家迎"鸡娘案",凌晨三更,慌乱中错抓了一只孵小鸡的鸡娘。当这东阳人一脚踏进天门,鸡娘一挣扎,"咯咯"两声飞走了。由于未能迎成"鸡娘案",他只得垂头丧气地回转东阳。当他回到家中时,只见鸡娘早已蹲在鸡窝里孵小鸡了。他心想,这准是胡公显灵,故意放它回来。从此,东阳人迎"鸡娘案"不再用母鸡,而改用雄鸡了。

五、方岩庙会的现状和保护

永康各地都以单独一村或联村的胡公会，组织罗汉班参加方岩庙会活动。全县有七十二个胡公会，有罗汉班四五百支，都系集体传承。方岩庙会在改革开放的阳光沐浴下，终于得到重生，但自20世纪90年代复苏以来，其规模和影响已难与鼎盛时期相比拟，面临逐渐消失的危机。

五、方岩庙会的现状和保护

[壹]方岩庙会的传承

1.传承谱系

(1)方岩镇独松村罗汉班

旧时该村为三十五都单独胡公会,每年农历八月初十上方岩朝拜胡公。据传说,该村的胡公神龛是用明嘉靖皇帝赐给该村榜眼程文德的珍贵木料雕制的(约1530年),可见明嘉靖时该村已盛行罗汉班参加方岩庙会活动。

独松村罗汉班清末以来传承谱系为:

第一代　程时意(1805—1875)父传 文盲

第二代　程礼金(1834—1902)父传 文盲

第三代　程章桂(1869—1937)父传 拳师

　　　　程日和(1860—1934)父传 初识

第四代　程维来(1885—1960)父传 初识

　　　　程金元(1889—1944)父传 拳师 章桂之子

第五代　程维成(1909—1972)师传 初识

　　　　程章灿(1910—1970)师传 初小

第六代　程仰日（1934 年生）父传 拳师 金元之子

　　　　程仁台（1934 年生）师传 高小

第七代　程忠信（1958 年生）父传 初中 拳师

第八代　程坚（1969 年生）师传 高中

　　　　程胜（1980 年生）师传 高中

（2）西溪镇柏西村罗汉班

旧时属廿三都胡公会，以柏西村为中心，共二十七个村组成。该胡公会会期为农历八月初十至八月十三，十三日上方岩朝拜胡公。

柏西村罗汉班清末以来传承谱系为：

第一代　黄廷玉（1778—1841）男 拳师 父传

第二代　黄海清（1797—1863）男 拳师 父传

第三代　黄发旺（1823—1883）男 拳师 父传

第四代　黄日进（1848—1908）男 拳师 父传

第五代　黄岩奎（1891—1952）男 拳师 父传

　　　　黄岩金（1890—1953）男 拳师 父传

第六代　黄炎兴（1911—1947）男 拳师 父传 岩奎之子

第七代　黄振礼（1933 年生）男 组织者 师传 曾任村党支书

第八代　黄振廷（1961 年生）男 组织者 师传 现任村主任

　　　　黄完明（1967 年生）男 组织者 师传 拳师

　　　　黄玉芳（1964 年生）女 组织者 师传 现任村妇女主任

第九代　黄哲康（1973 年生）　男 组织者 师传 爱好武术

(3) 石柱镇郎村罗汉班

旧时属三十六半都胡公会，共十六个村。农历九月初五祭祀，初六游案，初七上方岩参加庙会。

郎村罗汉班清末以来传承谱系为：

第一代　张新远（1820—1853）　男 父传 拳师

第二代　张廷魁（1851—1907）　男 父传

第三代　张济森（1872—1927）　男 父传 拳师 廷魁之子

　　　　张金水（1876—1952）　男 父传

第四代　张陈台（1905—1985）　男 父传 拳师 济森之子

　　　　张陈山（1901—1948）　男 师传 拳师

第五代　张陈法（1916 年生）　男 师传 拳师

　　　　张培士（1922—1985）　男 师传 拳师

第六代　张仁强（1934 年生）　男 师传 组织者

第七代　胡显奎（1950 年生）　男 师传 组织者

第八代　张健顺（1969 年生）　男 师传 组织者

(4) 舟山镇山坞村罗汉班

旧时属四十四都胡公会，共有十九个村。农历八月初一祭叉，八月初八游案，八月十一上方岩。

山坞罗汉班清末以来的传承谱系为：

第一代　俞俊亨（1842—1920）　男　父传　拳师

第二代　俞宝同（1876—1948）　男　父传　拳手

第三代　俞根火（1900—1972）　男　父传　拳手

第四代　俞昌者（1928—1976）　男　父传　拳师

第五代　俞德金（1955 年生）　男　父传 组织者、拳手

第六代　俞红亮（1972 年生）　男　父传 拳手

(5) 象珠镇荷沆村罗汉班

旧时属十四都八保胡公会，共有八个村。农历九月初七祭叉，初八游案，初九上方岩。

荷沆村罗汉班清末以来传承谱系为：

第一代　楼新喜　（1859 年生）　男　师传　（已故）

第二代　楼文照　（1889 年生）　男　师传　（已故）

第三代　楼永友　（1911 年生）　男　师传　（已故）

　　　　楼宝月　（1918 年生）　男　师传　（已故）

　　　　卢子贞　（1901 年生）　男　师传　（已故）

第四代　陈万良　（1932 年生）　男　师传　拳师

　　　　楼其兴　（1931 年生）　男　师传　拳手

第五代　楼品光　（1960 年生）　男　师传　拳手

　　　　陈淼鑫　（1966 年生）　男　师传　拳手

　　　　楼开化　（1957 年生）　男　师传　拳手

第六代　楼志康　（1968 年生）男　师传　拳手

　　　　　楼德正　（1968 年生）男　师传　拳手

(6) 石柱镇姚塘村罗汉班

旧时属三十六半都胡公会，共十六村。农历九月初五祭叉，初六游案，初七上方岩。

姚塘村罗汉班清末以来的传承谱系为：

第一代　姚汉多（1832—1912）男　父传　拳马师

第二代　姚阿奶（1860—1931）男　师传　拳马师

第三代　姚章其（1885—1945）男　师传　拳马师

　　　　　姚泰亨（1890—1985）男　师传　拳马师

第四代　姚高福（1918—1982）男　师传　拳马师

石柱镇姚塘村打罗汉

姚高友（1920—1995）　男　师传　拳马师

第五代　姚高财（1931 年生）　男　师传　拳手

姚茂兴（1932 年生）　男　师传　拳手

第六代　姚章留（1948 年生）　男　师传　拳手, 村老协会长

姚跃明（1949 年生）　男　师传　拳手, 村老协副会长

第七代　姚好友（1964 年生）　男　师传　拳手

姚江浙（1985 年生）　男　师传　拳手, 罗汉队队长

2. 代表性传承人

(1) 老拳师陈万良

陈万良, 男, 1932 年生, 象珠镇荷沅村人。永康打罗汉省级代表性传承人。

说起陈万良, 荷沅村无人不晓, 这是一个富有传奇色彩的老人。2012 年秋, 笔者采访陈万良老人前, 他的家人告诉我, 近两年身体素质下降很多, 耳也有些背了, 说话需戴助听器。我说, 没事, 我尽量拣要紧的问, 都过八十了, 人生有几个八十岁! 我以为他一定是个瘦小的, 皮肤黝黑的, 满脸皱纹的农村老头。待我见到他时, 却与我的想象一点都对不上号。

陈万良高高的个子, 白皙的皮肤, 一般老年人脸上特有的色斑都很少。可以想象, 他年轻时一定是个大帅哥。说起他的经历, 还真有些传奇。少年 (十四岁) 时, 随父学习家传武术, 主要以打罗汉活动中

的罗汉拳和武术器械为主。家传武术到陈万良这一辈，已第四代。陈万良武术功底深厚，他擅长拳术、拆棍（棍对棍搏击）、滚叉、刀术，尤其以富有实战意义的拆棍和刀术为精。他的击技动作连贯自然，引进反击，刚柔相济，虚实结合，动作流畅，兼有独特的艺术欣赏性。现在他的武技又传给了儿子陈妙兴，已是第五代。

新中国成立前后，他正是血气方刚的年纪，富于传统教养的他秉承"父母在，不远游"的观念，先是在家务农。1950年，朝鲜战争爆发，国家号召抗美援朝，他毅然告别父母，参加了志愿军，走上了保家卫国之路。在部队，因表现出色，且会武术，他被任命为团武术教官。他尽心尽责地培训了大批干部教员和一批批战士，让他们掌握杀敌本领。回国后，调金华军分区干部学校学习；1958年转业到金华交通局工作，直到1963年下放回家务农。在农村，他仍然发挥了自己的武术专长，传教和培养了当地近千名年轻人学习罗汉拳。

陈万良老人的习武、传武经历已六十余年，先后获得了许多荣誉。有据可查的有：1946年获全乡罗汉拳比武个人第二名；1947年获全县方岩庙会比武第三名；1955年获中国人民解放军浙江舟山驻军所在团比武第一名；1958年获金华军分区全军大

打罗汉省级传承人陈万良

比武第一名；2005 年获永康市第二届传统武术比赛个人银奖和铜奖；2008 年他所在的荷沅村获永康全市打罗汉比赛优秀奖。陈万良老人为永康打罗汉习俗的传承、为弘扬民间武术做出了不小的贡献。

(2)"带头大哥"俞德金

俞德金，男，1955 年生，舟山镇山坞村人，永康打罗汉省级代表性传承人。

这是一个典型的山里汉子。古铜色的脸膛，笑起来满脸的褶子，走起路来四平八稳。他待人古道热肠，喝酒豪爽；他见过世面，当过解放军，做事有股韧性。正是这些优点，1979 年从部队退伍回村后，就担任村党支部书记。这一干就是三十二年，其中有几年还是书记、主任一人担当。

他曾任永康市多届党代会代表，八次荣获市优秀党员称号。在他的任内，进村水泥路通了，结束了村民祖祖辈辈走黄泥路的历史；自来水装上了，从此不再靠天解决饮用水难题；电灌建起来了，引水上山、入塘，农业得到了增产增收。最大的手笔出现在 2000 年，带领全村人创建了大名鼎鼎的千亩"永康市方山柿基地"，使全村的山林变了样，农民收入有了稳步提高。

打罗汉省级传承人俞德金

然而，山区毕竟是山区，远离繁华，交通不便，文化生活枯燥，生活改善后，群众对文化生活的需求也越来越高。1982年，方岩庙会打罗汉活动已在永康各地逐渐复苏，山坞村人有这个传统，村民要求恢复这一习俗。俞德金出身武术世家，祖父是远近闻名的老拳师。作为村党支部书记的他，顺应民意，支持村民的积极性。他各方面筹集资金，置办罗汉班服装道具，组织村民训练武术，恢复山坞村独有的叠罗汉项目。经过一年准备练习，1983年山坞村罗汉班正式回归山乡民众的视线之中。

20世纪90年代以来，俞德金多次带领山坞村罗汉队到全市各地表演，赢得了不少荣誉。该村的叠罗汉在永康名闻遐迩。

(3) 民间拳师程忠信

程忠信，男，1958年生，方岩镇独松村人，永康著名的民间拳师，方岩庙会省级代表性传承人。

程忠信出身于民间武术世家，十二岁开始习练家传武术，至程忠信已第四代。1983年独松村恢复打罗汉习俗，程忠信积极参加，表演民间武术，并多次参加武术比赛，在县内小有名气。

2006年，他开始招收小学员培训武术，其武术班2006年至2008年连续三年获全市集体银奖。2009年以来，他先后受邀在本市柳前塘、芝英六村、下里溪、五光塘、民丰、姚塘、田畈林等村传授打罗汉阵式和民间拳术。

程忠信热衷民间武术，虚心好学，喜欢以武会友，哪里有好手，他就会前往讨教。对武术的执着爱好，使他获得了很多荣誉。2006年，分别获永康市首届"智盛模具杯"民间传统武术表演比赛一等奖和二等奖。2008年，获浙江省武术比赛（永康举办）二金一银。2009年，获永康市民间传统武术罗汉拳比赛银奖。

2010年，为传承方岩庙会的民间表演绝艺《调花钹》，他虚心向"调花钹"传承人原方岩山和尚释允明求教，刻苦训练，终于学会这一绝艺，使这一古老而独特的绝艺后继有人，得以传承。他的这一绝艺，在2010年浙江省传统绝技绝艺展演中表演，广受好评。

（以上三篇代表性传承人小传由陈元晓采写）

方岩庙会省级传承人程忠信（左一）向原方岩山和尚释允明学习《调花钹》绝艺

[贰]方岩庙会的现状

1.规模缩小

六十年前,在永康上半个县,几乎村村都有罗汉班,全县约有四五百支。至2009年,据不完全统计,仅有罗汉班一百二十余支。从前,农历八月十三这一天,相传有一百多支罗汉班上方岩,如今这一天上方岩的罗汉班仅一二十支,庙会规模大不如前。由于庙会规模缩小,前来方岩的香客和观光客也大为减少。

2.青黄不接

从前参加方岩庙会活动的罗汉班,老壮青少争相参与,热情高涨。如今罗汉班中,四十岁以下的中青年参与者越来越少,少年参与者更是少见,老年人成了罗汉班的主力军,队伍老化,凸显青黄不接的状况。

3.招式失传

罗汉班源于明代,为永康古老而独特的民间传统武术技艺,保留着很多古老的招式和阵式。如团阵的阵式,有长蛇阵、龙门阵、梅花阵、连环阵、剪刀阵、铁索阵、盘龙阵等。从前,年年训练,年年参加方岩庙会表演,一代代不断地沿袭下来。由于"文化大革命"禁绝方岩庙会活动,不准进行训练和表演,因此,这些招式和阵式有的已湮没无闻,有的已濒临失传,亟待抢救。现今,参加方岩庙会的罗汉班逐年减少,文艺表演正在逐步向现代色彩的形式(如腰鼓、洋鼓、木兰扇等）转变。

4. 传人消失

从前，为了每年参加方岩庙会朝拜活动，各个村都有一批热心的筹办者和武功师，他们年年组织筹办，轻车熟路，且不断培养出年轻接班人，代代传承；如今筹办者和武功师有的已谢世，尚健在者也年事已高，后继乏人。如永康古老而独特的民间杂技《调花钹》，从前由方岩山和尚释允明师傅在方岩庙会上表演，令人眼花缭乱，大受欢迎。如今，允明师傅已病逝，濒临失传，还好由独松村程忠信传承下来，否则后继无人。

严峻的事实告诉我们：方岩庙会的生存环境正面临严重的挑战，抢救和保护方岩庙会的民间文化遗产已刻不容缓。

造成方岩庙会濒危的原因是多方面的，主要是：

（1）民间信仰观念的改变

方岩庙会娱神活动的宗旨，是朝拜"胡公大帝"，寄托"胡公保佑"，消灾纳福。因此，历代以来有着强大的号召力，乡民争相参与，可谓一呼百应，自愿投入，不遗余力。20 世纪 50 年代以来，随着时代的进步和科学的发展，这种"敬神祈福"的传统信仰观念正在逐渐改变，特别是年轻一代，对"胡公保佑"更是逐渐淡漠。由于方岩庙会原动力的淡化，方岩庙会正逐渐失去其旺盛的生命力。

（2）业余文化生活的丰富

方岩庙会与其说是娱神,不如说是娱人。从前农村文化生活枯燥贫乏,人们视方岩庙会为难得的文化大餐,积极参与,自娱自乐。随着科学的发展,电影、电视、互联网的普及,人们享受着多方位、多品类的丰富多彩的文化生活,方岩庙会在人们心目中逐渐失去其吸引力。

（3）庙会参与人群的减少

方岩庙会的主要活动范围在农村,这是农村自娱自乐的民间艺术,其参与主体是农民。随着社会结构的不断变化,原来务农的、有活力的青壮年纷纷改行,进入城市办厂经商或打工。如今的农村,特别是山区,差不多是老年人的天下。"皮之不存,毛将焉附？"参与庙会活动的人群自然萎缩了。

（4）庙会经费筹措的困难

从前,参与方岩庙会朝拜活动,大都由胡公会的田产或宗祠出资赞助,经费有一定的保证。如今,除集体经济条件较好的村,尚可由村集体出资筹备外,大多靠向民企老板或村民寻求赞助。这样,活动经费来源难以着落的村,就只能望"钱"兴叹了。

（5）道具制作技艺的失传

参加方岩庙会的罗汉班和歌舞队的道具大都必须手工制作,有的需刺绣、木雕、竹编,工艺要求较高,且较难保管。从前,各地都有一批制作道具的能工巧匠,如今这些能手已是凤毛麟角,屈指可数,有些技艺已失传,难以恢复。

[叁]方岩庙会的发展

20世纪90年代末，永康市文化部门对方岩庙会开展了一系列的普查工作，对其历史和现状深入开展调研。同时，对方岩庙会的重点民间艺术《十八蝴蝶》、《九狮图》进行加工整理，创新提高，使之走向全国，走出国门，为国争光。所有这些切实有效的工作，为方岩庙会的传承保护打下了良好的基础。

2006年，市政府正式决定举办一年一度的方岩庙会，该年10月4日（农历八月十三）上午在方岩山上的南岩风景区广场举行开幕式，从此重新拉开了方岩庙会的序幕，预示着方岩庙会步入从复苏到发展的轨道。

《十八蝴蝶》

为了使具有千年历史的方岩庙会得以积极保护和传承发展，永康市文化部门在市人民政府的重视下，制订切实可行的保护计划。其保护内容如下：

1. 落实机制

（1）2009年，永康市人民政府决定成立永康市非物质文化遗产保护中心，加强对非物质文化遗产保护工作的重视和支持。

（2）为保证方岩庙会健康、有序、安全地开展，在市政府的重视下，建立方岩庙会协调小组，协调每年方岩庙会的组织筹备和安全保障工作。协调小组由中共永康市委宣传部、市旅游局、市公安局、市文化新闻出版局、方岩镇人民政府和市非物质文化遗产保护中心等部门组成，由方岩镇人民政府和市非物质文化遗产保护中心具体负责每年庙会的组织协调工作。

2. 资源普查

组织各镇、街道文化站对所属各村的胡公会组织情况、参加方岩庙会的历史和现状开展地毯式普查，摸清其组织者、导演者和道具制作者以及主要参与骨干等情况。对重点罗汉班的阵式、武术、道具进行详细记录，有条件的予以摄影和录像，尽量保留其表演实况和道具制作流程资料。然后做好方岩庙会资料库的建档和科学管理工作。

3. 建立基地

对于全市参加方岩庙会活动的重点罗汉班和歌舞队，建立重点传承基地,对重点武术能手和道具制作巧匠,给予适当经济补助,以保护和培养传承人。

2009 年,公布舟山镇山坞村罗汉班为全市打罗汉重点传承基地。2014 年,继续公布方岩镇独松村、象珠镇荷沅村、石柱镇姚塘村罗汉班为全市打罗汉重点传承基地。

永康打罗汉重点传承基地——山坞村

舟山镇山坞村,位于永康东隅,是与缙云县交接的一个小山村,总人口五百余人,属永康的"边陲之地"。

清末至民国时期,山坞村属四十四都。该都地处偏僻,旧时盗贼出没,乡民素有习武自卫、迎胡公打罗汉的传统。其中以山坞村最为突出。

罗汉班重点传承基地——舟山镇山坞村

　　山坞村自 1982 年恢复打罗汉习俗以来，坚持每年开展活动，特别是该村罗汉班的叠罗汉，技艺高超，独具特色。他们多次参加方岩庙会开幕式和其他演出，广受赞誉。2010 年，参加浙江省传统绝技绝艺展演（在永康市举办），荣获金奖。

方岩庙会罗汉班重点传承村

镇街道	村名	原都别	上方岩日期（农历）
方岩镇	独松村	三十五都	八月初十
西溪镇	柏西村	廿三都	八月十三
唐先镇	中山村	十八都	八月十三
石柱镇	郎村、姚塘村	三十六半都	九月初七
	毛山村	三十二半都	八月十七
舟山镇	山坞村	四十四都	八月十一
芝英镇	岘口村	三十一都	八月十一
古山镇	厚塘一村	三十半都	八月十三
西城街道	长恬村	十八保	九月初九
象珠镇	荷沅村	十八保	九月初九

方岩庙会民间传统歌舞节目主要传承村

庙会表演形式	传承村
讨饭莲花	东城街道高镇村 龙山镇桥头村
敕字莲花	唐先镇中山村 唐先镇金坑村
九狮图	唐先镇石桥头村 象珠镇横渡村 方岩镇先盆村
十八蝴蝶	东城街道高镇村 舟山镇上丁村 龙山镇桥头村
三十六行	方岩镇独松村 舟山镇凌宅村
十八狐狸	芝英镇郭山村 东城街道高镇村
十八鲤鱼	古山镇古山一村
九曲珠（九串珠）	古山镇古山一村
长脚鹿（高跷）	芝英街道黄店村 舟山镇凌宅村 龙山镇四路中村 唐先镇金畈村
走马灯	舟山镇方山口村 唐先镇山西村
马灯舞	唐先镇云路村

续表

哑口背疯	石柱镇下里溪村 东城街道高镇村
铜钱棍	东城街道高镇村 舟山镇西岸村
手狮	江南街道拱瑞村
调花钹	方岩镇独松村
旋车台阁	古山镇古山一村 唐先镇上新屋村 象珠镇黄塘下村
彩车（马灯车）	方岩镇橙里王村 唐先镇长塘头村 花街镇吴坑村
迎纸马	唐先镇大后村

4. 组织培训

方岩庙会的保护传承，必须与时俱进，在保护、传承的基础上有所创新，有所发展，不断提高艺术水平。因此，必须保护人才，培养人才。计划不定期组织庙会民间文艺表演节目的培训和举办打罗汉及民间文艺表演的会演和比赛，相互学习，相互交流，以促进庙会活动更加丰富，更加精彩。

5. 开展研讨

2009年10月26日（重阳节），浙江省民俗文化促进会、省非物质文化遗产保护办公室和永康市人民政府联合举办了方岩庙会保护

《十八蝴蝶》培育新苗

和发展研讨会,邀请北京及本省"非遗"专家二十余人,就方岩庙会的成因、历史、特色、价值进行研讨。计划在以后的方岩庙会期间,再次举办研讨活动,对方岩庙会的传承和发展继续进行深层次的研讨。在研讨的基础上汇编《方岩庙会研究论文集》。

附录

（2010年4月不完全调查）

东城街道

胡公会名称	迎案村	助案村	祭叉日期	游案日期	上方岩日期	罗汉班支数	附　备
在城六保	高镇保：高镇 黄棠保：沙田　前园　前坛 　　　　前宅　后宅 溪心保：上下溪心　戴村　泉口 六合保：东塘　湖村　白水堰 　　　　大园　山下周　上山龙 　　　　下山龙　田畈中央 　　　　白墈下　上水碓 　　　　牛栏头　毛村 　　　　安家(今已无) 花园保：城塘　小花园 　　　　大花园　英阁 山川坛保：山川坛　许码头	高山头 田宅 白垤里	八月初三	八月初六	八月初九	25	六保轮流奉祀胡公神龛。高镇保每六年奉祀一年；黄棠保各村，每三十年祀一年；六合保和花园保各村每二十四年轮祀一年；山川坛保各村十二年轮祀一年。

西城街道、经济开发区、江南街道

胡公会名 称	迎案村	助案村	祭叉日期	游案日期	上方岩日期	罗汉班支数	附　备
在城八保	东库　长城 河头　姚家垄 德茂塘　大徐 枫树下楼（枫楼） 岭张　下宅口（今名上宅口）	苏溪	九月初三	九月初六	九月初八	8	各保轮坐胡公一年。姚家垄、德茂塘合为一保。
十八保	长恬（两个保） 雅庄　曹园 邵宅　绍童 兰街　黄塘下 隔溪　下山 郎下　英村 桐墩　西竹园 赵店　黄山降 塘头　西瑶	溪碧山 夏溪 西朱	九月初三	九月初六	九月初九	20	今赵店、黄山降、塘头、西瑶四村已无，1993年商定三个助案村增为正式成员。
五都	麻车头	下楼 山头章	九月初八	九月初九	不上方岩	3	今山头章村已无。
三都	李店 褚店 杨店		九月初一	九月初八	不上方岩	1	今李店分李一、李二两村。

方岩镇

胡公会名　称	迎案村	助案村	祭叉日期	游案日期	上方岩日　期	罗汉班支数	附　备
三十五都独松庄	独松	上里叶双瑶 高峰西岸	八月初九	八月初九	八月初十	5	原为八月十四上岩，因清末时曾与高下杨罗汉班打斗，后改为八月初十。
三十五都先盆庄	先盆		八月初九	八月初九	八月初十	1	
三十五都铜坑庄	铜坑		八月初九	八月初九	八月初十	1	
三十四都	灵岩寺前大园 可投胡古竹畈胡田 下邵井头 可投应	西村 后山头长坑溪下周 岩后	八月初四	八月初九	八月初十	13	
三十五都前流庄	前流（刘）	蔇陌	八月初九	八月初九	八月初十	2	

石柱镇

胡公会名 称	迎案村	助案村	祭叉日期	游案日期	上方岩日 期	罗汉班支数	附 备
三十八都	上杨 前郎 姓傅 前阳 下杨 山坑叶 后郎 鱼肚 后莘 阳龙 塘里 田畈 瑶山 湖塕头 上下岩洽 西岐 西贵		八月初三	八月初六	八月初八	16	共十保，上杨、前郎各为一保，每十年坐胡公一年；其余各村两村合为一保，各村每二十年坐胡公一年。
三十三半都十八保	王上店 葛塘下 江瑶 箕里 田畈林 下大路 下店午 泉湖 河南二村 宅树下 前塘头 河南一村 葛圹山 前罗 胡祖坑 胡堰街 杏花 上王 毛山		八月十三	八月十五	八月十七	18	
三十六半都	郎村 殿下 花园 后项 上里溪 下里溪 里溪寨 下陈 叶园 隔山应 塘端 寺前 新屋 石柱 岩孔 姚塘		九月初五	九月初六	九月初七	16	
三十七都	俞溪头 云溪 天表 峰箬 湖塘 麻车口 青岩口 高后朋 下寮 柯陈 九里 后金 溪下周	仙岩 大坑	八月初一	八月初九	八月十三	13	柯陈、九里、后金、溪下周，各为半脚。

前仓镇

胡公会 名　称	迎案村	助案村	祭叉日期	游案日期	上方岩日期	罗汉班支数	附备
四十一都 武平	前仓　宅树下 川塘　小王元 可安　溪坦	篁源十八处 厚仁　新店 荆州　后吴 塘头　石雅 溪塘　朝川 缙云山前	八月初六	八月初九	八月初十	20	

舟山镇

胡公会 名　称	迎案村	助案村	祭叉 日期	游案 日期	上方岩 日　期	罗汉班 支　数	附　备
四十四都	方山口　凌宅 李宅　大路任 新楼　高下杨 山坞　南坞 铁店顾下丁 田畈胡	上丁 西岸　上坑里 寺口　渠口 里木坦 外木坦　洋溪	八月初一	八月初九	八月十一	17	有横线者 为半脚， 需二十年 轮坐胡公 一年。
四十三都	申亭　前村 石塘徐 岭脚　沅口 桑园　陆宅	舟山一二三村 白沙 下东桥　台门 端头	八月初三	八月初九	八月十二	15	

芝英镇

胡公会名称	迎案村	助案村	祭叉日期	游案日期	上方岩日期	罗汉班支数	附备
廿九都三保三十六头	郭山　溪岸　柿后　溪头（柿后自然村）	八口塘　下徐店	八月十一	八月十二	八月十三	6	
三十二都	上南山　儒塘头　胡堰街　西卢　油溪塘　练结　里塘下　黄店　宅口　桥里　炉头　荆山夏　后吴（荆山夏自然村）　荆山陈　下英　下余　郑村　车马何　前舒　下畈　后社　下南山	上陈	八月十一	八月十二	八月十三	24	二十二个村每年轮坐胡公。游溪塘传统有两支罗汉班。
三十一都芝英庄	芝英一至八保	山头下　下蔡　松塘园　小派溪	八月初八	八月十二	八月十三	12	胡公固坐紫霄观。
三十一都	岘口　上前　下前　继绪塘　儒家　仙陵　郭段　泽塘下　大塘　皮店　毫塘　黄泥塅	姓吕　七姑塘	八月初九	八月初十	八月十一	14	胡公固坐岘口。
三十八都三保大井头	应南溪　柳前塘　古塘里　善儿干　麻塘头　鲤鱼塘　西坑　下英（今名上英）　大塘　下时（今名上时）　后沈		八月初九	八月初十	八月十一	11	

续表

胡公会名称	迎案村	助案村	祭叉日期	游案日期	上方岩日期	罗汉班支数	附备
三十二都五保	街头 横沿 马坊 石塔下	黄店 宅口 杜山头 炉头 堰头 沙端 陈园 郑村 山头徐 下堰头 荆山夏 大院堂 大坟山沿 五岗塘 栋陇 陈路塘	八月十三	八月十四	八月十五	12	街头原为二脚合为五保。1993年商定，所有助案村均扩充为胡公会成员。

古山镇

胡公会名称	迎案村	助案村	祭叉日期	游案日期	上方岩日期	罗汉班支数	附备
廿六都	坑口 坑里	晏塘 下朱 宁塘 大江畈 后林 溪田	八月初六	八月初八	八月初十	8	坑口迎"朱相公"，坑里迎"王相公"。传说朱、王均为胡公十弟兄。
廿六都	前坑 松明坑 清塘下 叶店		八月初十	八月十一	八月十三	4	近年无迎罗汉活动，但每年迎胡公上方岩换香火。

续表

胡公会名称	迎案村	助案村	祭叉日期	游案日期	上方岩日期	罗汉班支数	附备
廿七都	古山一至四保		九月初六	九月初七	九月初九	4	上方岩罗汉班四个保合为一支，但歌舞队各保有多支。
三十三半都	后塘一村 后塘二村 黄塘坑	榔山殿 上徐店 下徐店 上胡 前陈 前俞 象牙里 弓塘	八月初二	八月十一	八月十三	11	胡公神龛固定坐后塘。
廿七都	后郦		八月十一	八月十一	八月十二	1	
廿八都	胡库 前坑	金江龙 堰塘 双门 青后叶 雅溪 前溪 前金 前园 上山头 寺下胡 下溪池 下金园	七月廿九	七月三十	八月初一	15	该都胡公会每年最早参加方岩庙会，因传说胡公是他们的太公，故享此优先。
廿九都	溪干 整雅 大坟山		八月初九	八月初十	八月十二	4	

西溪镇

胡公会名称	迎案村	助案村	祭叉日期	游案日期	上方岩日期	罗汉班支数	附备
廿二都	石江		八月初十	八月十一	八月十三	1	
廿三都	柏岩	寨口 贾处 孔村 黄溪滩 董坑 上卢 下赵 下徐 柘溪 上马横沿 楼下坑 棠溪 上弄口 道门 上徐 尚黄桥 金山头 义门 百念秤 上马 上蒋 后岗头 缙云县的道门 西施 包坑口	八月初十	八月初十 八月十一	八月十三	25	胡公神龛固坐柏西，该村罗汉班每年七月初一开练。
廿二都	寺口	西塘 丁坑 青山口 柘溪 黄溪滩 上坛 西溪 马坞 玉川 壶坑洞	八月初九	八月初十 八月十一	八月十三	10	传说1850年左右，青山口发洪水，胡公神龛漂至下卢，该村人捞起，从此称下卢胜案。
廿五都	桐塘	潘坑 上塘头 大树坑 下溪田	九月初六	九月初七	九月初九	5	换香火时，降体（降童者）火中取灰，能食瓷碗。
廿五都	洪塘	莲屋	九月初六	九月初七	九月初九	2	

龙山镇

胡公会名称	迎案村	助案村	祭叉日期	游案日期	上方岩日期	罗汉班支数	附备
十七都	太平		八月初一	八月十一	八月十二	12	各房都有罗汉班。
十七都	渔父里（渔川）		八月初一	八月十二	八月十三	1	
廿一都	厚泽	张溪头 菱塘 宅耳塘 岭脚 四路	八月初八	八月十一	八月十三	6	
廿一都	贾宅		八月初一	八月十一	八月十三	1	
廿一都	六扇胡公会：张岭口曹姓、菱塘岸各一股；万古塘、格山、杨木塘、张岭口朱姓各半股		八月十一	八月十二	八月十三	6	一股为四年坐胡公一年，半股为八年坐胡公一年。
廿一都	后景颜	前珠山 丰山头	八月初八	八月十一	八月十三	3	
廿一都	溪边颜		八月十一	八月十一	八月十二	3	
廿一都	马山头		八月十一	八月十二	八月十三	1	
廿二都	吕南宅		八月初七	八月十一	八月十三	4	
廿二都	下宅口	四路口	八月初一	八月十一	八月十三	2	
廿一都	桥下（龙窟桥下朱）		八月十一	八月十二	八月十三	3	

续表

胡公会名 称	迎案村	助案村	祭叉日期	游案日期	上方岩日 期	罗汉班支 数	附 备
廿五都	胡塘下		八月十一	八月十二	八月十三	1	
廿五都	里麻车		八月十一	八月十二	八月十三	1	
廿六都	桥头周	榔山殿 中山炮石	八月十一	八月十二	八月十三	3	
廿六都	溪田		八月初八	八月初八	八月初十	1	

唐先镇

胡公会名 称	迎案村	助案村	祭叉日期	游案日期	上方岩日 期	罗汉班支 数	附 备
十七都	金畈	唐先乡、中山乡大部分村 大后乡上厅 雅堂 白莲塘 长塘头 林坑陈	九月初一	九月初三至初六	九月初九	30	胡公神龛固定坐金畈。
廿都	岩渡里 塔儿头	岩洞口	九月初三	九月初三	九月初五	3	
廿都 横洋三保	横洋 唐上 叶宅 凤山寺口 黄岗	象珠 上考 山西 夏杜曹 仁坛 前俞 上徐店 下徐店	九月初三	九月初七	九月初九	12	原为横洋、叶宅、凤山寺口，称三保；后加入唐上、黄岗。

象珠镇

胡公会名 称	迎案村	助案村	祭叉日期	游案日期	上方岩日 期	罗汉班支 数	附 备
十四都 八保	清渭街应姓 清渭街马姓 官塘下（官川） 杏里 江头 荷沅 茂西 上位		九月初七	九月初八	九月初十	8	

花街镇

胡公会名　称	迎案村	助案村	祭叉日期	游案日期	上方岩日　期	罗汉班支　数	附　备
六都六保	溪边汪 横桥 金村 马宅 应村山头蒋	黄阁 潜衬 雅英	十月十五	十月十六	十月十八	9	

　　据上述不完全调查统计：胡公会五十五个；罗汉班四百七十三支，其中八月十三上方岩一百三十八支，九月初九上方岩七十三支。

部分胡公神龛

永康周边市县参加方岩庙会活动情况

永康周边与东阳、义乌、磐安、武义、缙云各市县接壤，除武义外，各县的部分乡村民众和永康民众一样热衷于方岩庙会迎胡公、打罗汉的风俗。

东阳市

《东阳市志》（1993 年版）载："东阳民间最崇拜胡公大帝（胡则），农历八月十三，俗传胡公大帝生日，是日，吴宁、怀鲁、横店、千祥、南马均有胡公庙会，尤以上卢社姆坑和横店朝水殿胡公庙会最盛大。""横店朝水殿庙会，永康、义乌、金华、仙居、天台、缙云商贾纷至沓来……尤为甚者，三个戏班三天三夜斗台竞艺，方圆数十里的上百支武术罗汉班大会师。"还有八月十四石鼓塘、东南湖，九月十四石鼓岭下的罗汉班都要上方岩朝拜胡公。

义乌市

义乌罗汉班起源于明朝万历年间，在清朝达到鼎盛。据民间传说，戚继光招收三千义乌兵抗倭，并长年开展练兵活动，由此留下了习武防身的习惯，这便是义乌罗汉班的最初起源。旧时，为了迎胡公，庆庙会，搞大型喜事，都会有几班或十几班的罗汉班相聚一起，同场竞技。

义乌早期的罗汉班只有十多支，如苏溪镇的新厅村、廿三里镇的如甫村、大陈镇八里桥头村的罗汉班等。至 20 世纪五六十年代，义乌罗汉班有些萎缩；到"文化大革命"时期，罗汉班销声匿迹；直到80年代中期，有关部门对罗汉班重新发掘整理。1992年，义乌中学操场上五个罗汉班同场竞技。

磐安县

磐安的新屋镇和永康的西溪镇接壤，两地的邻里交往热络，共同信仰"胡公大帝"。

磐安双峰乡、仁川镇、冷水镇以及缙云的部分村庄，至今仍有五云三都白竹胡公堂会，有大皿、黄宅、大溪、冷水、西英、庄头、潘潭、潜明、白竹等九个案堂，为永康七十二个胡公会之一脉。

还有尚湖镇袁村的叠罗汉（又叫"叠牌坊"）活动四乡闻名。双峰乡大皿别具特色的胡公传统文化之"双峰炼火"、深泽乡的"深泽炼火"、窈川乡依山村的"迎大纸马"、九和乡的"迎凉伞"等，都与永康方岩庙会及打罗汉有着相互呼应的关系。

缙云县

缙云县北部与永康相连，上溯永康与缙云的地域沿革，两地有着深厚的渊源。从三国赤乌八年（245）开始至唐天宝元年（742）为止，缙云的北部或全部，至少有五次与永康同属一县。漫长的历史情结，形成了共同的风俗习惯，因此，迎胡公打罗汉在缙云较为普遍。

主要有：农历八月初九胪膛、靖岳村的迎胡公；农历八月十三五云三都白竹胡公堂（与磐安县双峰、仁川、冷水等地联合组成）；九月十四横塘岸村的迎胡相公；还有壶镇、盘溪、前路、胡源、大洋等地的迎胡公打罗汉活动。

（摘自《永康打罗汉》，陈元晓编著，西泠印社出版社，2014 年）

主要参考文献

1.《山海经全译·卷十·海内南经》

2. 明·嘉靖《永康县志 》

3. 清·康熙《金华府志》

4. 清·道光《永康县志》

5. 清·光绪《永康县志》

6.1991 年《永康县志》

7.《郁达夫散文集》(浙江人民出版社)

8.《方岩庙会》(西泠印社出版社)

9.《方岩民间故事》(浙江文艺出版社)

10.《方岩签书解说》(胡国钧编著 天马图书有限公司)

11.《九狮图》(朱幼吾、陈广寒编著 浙江摄影出版社)

12.《永康打罗汉》(陈元晓编著 西泠印社出版社)

后 记

　　方岩庙会源自宋代，成熟于明，鼎盛于清，有着千年的历史，在永康乃至浙中、浙南一带影响深远。它是永康重要的非物质文化遗产。

　　为了传承、保护和发展方岩庙会，我们在永康市委、市政府的重视下，广泛深入搜集历史资料，探寻其渊源与发展，探析其特色与价值，以弘扬民族民间文化，进一步唤起广大市民的保护意识，促进方岩庙会这一珍贵的非物质文化遗产得到更好的保护与传承。

　　本书在编写过程中得到永康市委、市政府领导的重视和支持，得到市文化广电新闻出版局局长丁月中的热情指点，得到市委宣传部、市旅游局、方岩镇人民政府和各方人士的关心和帮助。书中部分资料参考胡国钧、陈广寒和陈元晓先生的有关文章。

　　本书送审过程中还得到浙江省非物质文化遗产保护专家、浙江大学教授吕洪年老师的悉心指教，并获多处修正。

　　在此一并致以衷心感谢！

　　方岩庙会历史悠久，内容丰富，涉及面广，很多资料现已湮没无闻，加之成书匆促，编者水平有限，疏漏和纰缪之处在所难免，祈请各方行家指点和斧正。

摄　影：（以姓氏笔画为序）

王子庭　　王有云　　王岳阳
卢晓青　　朱幼吾　　杜静华
杨　彪　　杨鸣放　　应　敏
陈广寒　　陈元晓　　林群心
林克成　　郑美如　　骆海鹰
程同文

责任编辑：潘洁清

装帧设计：薛　蔚

责任校对：王　莉

责任印制：朱圣学

装帧顾问：张　望

图书在版编目（ＣＩＰ）数据

方岩庙会 / 吕美丽, 林克成编著. —— 杭州：浙江摄影出版社, 2015.12（2023.1重印）

（浙江省非物质文化遗产代表作丛书 / 金兴盛主编）

ISBN 978-7-5514-1162-2

Ⅰ.①方… Ⅱ.①吕… ②林… Ⅲ.①庙会—风俗习惯—研究—永康市 Ⅳ.①K892.1

中国版本图书馆CIP数据核字(2015)第278087号

方岩庙会

吕美丽　　林克成　编著

全国百佳图书出版单位

浙江摄影出版社出版发行

地址：杭州市体育场路347号

邮编：310006

网址：www.photo.zjcb.com

制版：浙江新华图文制作有限公司

印刷：廊坊市印艺阁数字科技有限公司

开本：960mm×1270mm　　1/32

印张：5.5

2015年12月第1版　　2023年1月第2次印刷

ISBN 978-7-5514-1162-2

定价：44.00元